菏泽市脱贫攻坚案例丛书

HEZESHI TUOPIN GONGJIAN ANLI CONGSHU

大迁建

菏泽市扶贫开发办公室◎组织编写

中国文联出版社

图书在版编目（CIP）数据

大迁建 / 菏泽市扶贫开发办公室组编． -- 北京：
中国文联出版社，2021.12
ISBN 978-7-5190-4647-7

Ⅰ．①大… Ⅱ．①菏… Ⅲ．①扶贫－移民－工作经验
－菏泽 Ⅳ．① F127.523

中国版本图书馆 CIP 数据核字 (2021) 第 274671 号

组　　编　菏泽市扶贫开发办公室
责任编辑　胡　笋
责任校对　岳蓝峰
封面设计　诗　御

出版发行　中国文联出版社有限公司
社　　址　北京市朝阳区农展馆南里 10 号　　　邮编　100125
电　　话　010-85923025（发行部）　　010-85923066（编辑部）
经　　销　全国新华书店等
印　　刷　北京虎彩文化传播有限公司

开　　本　710 毫米 ×1000 毫米　　1/16
印　　张　7.75
字　　数　112 千字
版　　次　2021 年 12 月第 1 版第 1 次印刷
印　　次　2023 年 4 月第 2 次印刷
定　　价　45.00 元

《大迁建》编委会

指导单位：中国扶贫发展中心

主　　任：蔡维超　陆汉文
副 主 任：刘　军　江立华　罗　聪

编　　辑：谷玉良　李　锋　任树正　祝见华
　　　　　刘京京　谢汝婷

照片提供：菏泽市摄影家协会

序　言

　　菏泽市作为中华民族的发祥地之一，有着深厚的历史文化积淀。历史上，黄河既是哺育菏泽人民的母亲河，又是灾害不断的苦难河。菏泽市百姓在这片土地上耕耘收获，繁衍生息。由于没有统一的堤防工程，黄河自由泛滥，百姓深受其苦。新中国成立后，先后组织了四次规模较大的复堤工程，黄河大堤的安全得以稳定，但菏泽滩区内的百姓们仍面临着黄河漫滩的风险。滩区群众的生命财产安全得不到保障，日积月累地造成了"行路难、住房难、上学难、择偶难、饮水难、就医难、致富难、发展难"的生活困境。

　　黄河治理的千古难题历史性地交到了中国共产党人的手中。为更好、更快、更有效地推进黄河滩区治理工作，在党中央关怀和山东省委、省政府指导下，菏泽市将黄河滩区迁建作为全市脱贫攻坚的重大举措。菏泽市委、市政府深入一线调研滩区情况，在掌握一手资料的前提下，市委、市政府主要领导亲自挂帅，组建专项领导小组，抽调精干人员，实行集中办公，确保脱贫搬迁工作顺利推进。

　　综合考虑滩区实际情况以及滩区群众的意愿，菏泽市滩区居民主要涉及外迁和就地就近筑村台两种迁建方式。同时，考虑到在黄河来水超过村台防洪标准时需临时撤离避洪，根据村庄实情新建道路或改造提升道路。脱贫迁建根据黄河滩区的整体风貌进行分类实施，依据滩区不同区域的特色资源村台分为"田园生活型""中华文化型""黄河文化型"，充分发挥滩区生态和资源优势。

　　菏泽市黄河滩区迁建工作作为脱贫攻坚的重要环节，取得了阶段性胜利。目前全市28个村台已全部淤筑完毕，6个外迁社区中2个社区已搬迁入住。随着黄河滩区迁建政策的推行，14.7万滩区居民的夙愿逐渐实现。在外迁社区里，水、电、路三通，其他配套设施基本齐全，就医、就学便利。滩区群众的基本生产生活条件得到了根本改变，在新时代的环境中实现进一步发展。进行滩区迁建工作，实现动能转换迸发新活力，对外开放增创新优势，实现改革开放新突破，从而开启社会事业新征程。

随着黄河滩区居民迁建工作的持续推进，菏泽市滩区迁建的重点将逐渐转移至巩固前期成果，激发人民获得感与可持续发展能力，走向乡村振兴的新阶段。菏泽市牢记习近平总书记嘱托，将黄河滩区脱贫迁建这一民生工程作为重点任务，攻坚克难、大胆创新，迈出滩区居民迁建与乡村振兴战略有机衔接的坚实步伐。面对新形势与新挑战，菏泽市将在既有显著成就的基础上继续迎接挑战、克服困难，继续为黄河滩区居民迁建工作和乡村振兴提供菏泽经验与典范。

目　录

第一章 "治黄逐梦"：
从"三三宿命"到"三生三美"

一、滩区人民"又爱又恨"的黄河滩

(一)历史沿革

　　菏泽是中华民族的发祥地之一，是伏羲之桑梓，尧舜之故里，颛顼之墟，昆吾旧壤，具有深厚的历史文化积淀。历史上，黄河既是哺育菏泽人民的母亲河，又是灾害不断的苦难河。"黄河宁，天下平。"黄河孕育了中华大地古老文明的同时，又被叫作"华夏之忧"，以"善淤、善决、善徙"而著称。1855年前的300年间，黄河经江苏省流入黄海，菏泽百姓在这片安静的土地上耕耘收获，繁衍生息。由于没有统一的堤防工程，黄河自由泛滥，百姓深受其苦。据史料记载，自周定王五年（前

图 1-1　自家住房被水患冲毁的群众

602）至 1938 年的 2540 年间，黄河下游决溢达 1590 次，大的改道 26 次，在 26 次大改道中有 12 次泛滥菏泽。自清朝咸丰五年（1855）河南铜瓦厢决口改走现行河道，洪水漫流 20 年。1855 年至 1935 年的 80 年间，发生大水漫滩 39 次之多，小型漫滩几乎年年都有。新中国成立后，先后组织进行了四次规模较大的复堤工程。黄河大堤的加宽加高，使安全问题得到了解决。然而，黄河大堤的修建，却使滩区群众失去了大片耕地，更为严重的是广大滩区群众长期遭受黄患的危害，生命财产得不到安全保障，生活质量很差，为滩外广大区域的人民生命财产安全做出了巨大的牺牲。

黄河滩区指的是黄河主河槽和黄河大堤之间宽阔的滩地区域。既发挥着行洪、滞洪作用，又承载着滩区群众的生产生活。黄河水少沙多，水沙失衡，是产生决溢改道的根本原因。中华人民共和国成立后，虽然没有发生黄河决口和改道，但滩区内漫滩次数超过 30 次，累计受灾人口超 900 万人。1996 年 8 月发生名为"968 大洪水"的灾难。"黄河涨水，一眨眼的时间家就没了，锅碗瓢盆、鸡鸭等家禽都冲跑了。那段时间，

图 1-2　汛期的黄河水

只要水不下，村里的人就只能睡屋顶上，垫土筑台、窝棚过节、投亲靠友也是常有的事。"当时，洪水导致的漫滩面积高达58.2亩，42.9万亩耕地被淹，3.79万间房屋倾倒损毁，279个村庄受灾，17.8万人蒙受损失、流离失所。这样的大洪水给黄河滩区群众的生活带来了难以承受的痛苦。而在中国的历史上，易淤、易徙的黄河，曾经给人民带来更深重的灾难。黄河下游曾频繁地决口改道，田舍尽毁，稼禾绝收，生灵涂炭。2002年黄河调水调沙实验以前，河水几乎年年漫滩，黄河流量达到2000立方米/秒就会形成漫滩，漫滩之后堤内是一片汪洋，当地群众只能在自己建的房台上面对淹没的庄稼痛心流泪，其景象惨不忍睹。自2002年黄河小浪底枢纽工程建成后，从黄河调水调沙，把黄河河床拉低，形势才有所好转。

（二）黄河滩区生产生活现状

黄河滩区处于洪、涝、旱、沙、碱五害俱全的特殊地带，是多灾、贫穷、落后的区域。菏泽境内河道长185公里，流经东明县、牡丹区、鄄城县、郓城县，形成13处滩区，涉及16个乡镇、240个行政村、458个自然村，其中村庄和耕地均在滩区的自然村208个。菏泽滩区面积504平方公里，居住人口14.7万人，主要分布于东明、鄄城两县。

长期以来，滩区贫困发生率长期居高不下，早在"八七扶贫攻坚计划"中，黄河滩区就被列入扶贫开发的重点区域。但由于发展制约因素多、历史欠账多，滩区群众的生活生产条件长期是菏泽市最明显的民生短板。直到2004年，山东省滩区人均纯收入2505元，为全省农民人均纯收入的71.6%，其中菏泽滩区人均纯收入仅1428元，为全省农民人均纯收入的40.8%，市内滩区主要分布的鄄城县、东明县的贫困发生率分别为近50%和44.5%。东明县2017年全县黄河滩区未脱贫人口214344人，占全县贫困人口的44.2%，是全市乃至全省的深度贫困区域。2017年，滩区农民人均纯收入远低于东明县农民人均纯收入和鄄城县农民人均纯收入。

恶劣的生存环境导致黄河滩区乡村经济基础较为薄弱，村级集体经

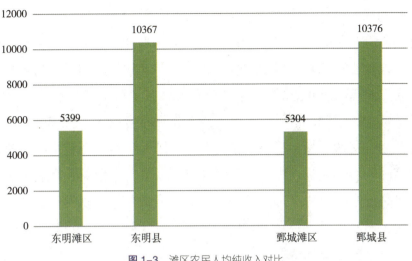

图1-3 滩区农民人均纯收入对比

济基本处于空白，加之滩区位置偏僻，安全系数低，投资风险大，外商不愿投资建厂，招商引资非常困难。商贸服务业发展滞后，工业几乎是空白，没有规模较大的企业，滩区群众享受不到工业发展带来的红利，目前外出务工为滩区群众增收的主要渠道。2017年，滩区外出打工人数共37705人，占人口比重的28%。受黄河滩区信息闭塞和劳动力综合素质的影响，滩区劳动力外出打工增收效果并不明显。

表1-1 菏泽市黄河滩区主要乡镇外出打工群众比例

乡镇名称	人口（人）	外出打工人口（人）	比重（%）
旧城镇	17894	4652	26
长兴集	52646	12055	23
焦园乡	43178	10914	25
沙窝镇	12076	7964	66
菜园集	8867	2039	23
合计	134661	37624	28

粮食作物播种面积223.7万亩，总产量达到118.7万吨，主要种植小麦、玉米和大豆，种植结构相对单一，小麦、玉米轮作为主，大豆成规

模种植的只有鄄城县李进士堂镇，达1.5万亩。由于黄河滩区农田水利等基础设施落后、科技支撑能力弱，且多为农户自发的小规模、粗放式经营，粮食生产综合经济效益较低。由于国家政策限制投入的影响，黄河滩区工业基础极其薄弱，主要以农产品深加工和手工业为主。受土地、技术、资金的限制，依靠"内生动力"发展难度极大。长期以来，由于区位偏远、交通不畅、基础设施配套差，国家虽然投资较多，但落户在黄河滩的项目较少，制约了滩区经济的发展。农业龙头企业不愿或不敢在滩区建立原料生产加工基地，农业企业数量少、规模小、加工能力弱，滩区资源很难得到高效利用。另外，滩区第三产业配套较差，集聚带动作用不强。受地势低洼等地理条件的限制和影响，滩区镇（社）区建设起步较晚，配套服务功能区划不明确；集中供水、垃圾、污水等污染物集中处理设施尚未建设；辖区内主要道路路况较差，道路不能形成路网循环；医院、学校、文化娱乐等服务设施尚不健全；公厕、宾馆、酒店、加油站、燃气站等设施不完善。商贸服务主要以日常生活性服务业为主，辐射半径小，从业人员整体素质不高，服务意识和管理水平有待提升，滩区人才资金要素外流严重，无法满足外来人口需求，不具备辐射带动作用。

图1-4　东明县长兴集乡姚庄村原貌全景图

（三）滩区群众难以摆脱的"七难"困境

滩区群众生活贫困，经济发展缓慢落后，配套基础设施难以及时跟进是由长期的历史和地理原因造成的。也正是在这种情况下，日积月累地形成了"行路难、住房难、上学难、择偶难、饮水难、就医难、致富难、发展难"的经济社会发展现状。

图 1-5 改造前的村庄道路原貌

"三年垫台，三年盖房，三年还账"是黄河滩区居民长久以来难以摆脱的"三三宿命"。"当时无论什么样的天气，忙完地里的活，就得赶紧用小推车一车一车地拉土垒房台，那时候的房子真是每家每户自己用小车推出来的，光我有记忆的，我家就盖过五六次房子了"，说起曾经的盖房经历，东明县长兴集乡竹林新村的农民画家毛吉志绘声绘色地描述到。一辈子不停地"拉土垫台、拆迁建房"成为滩区人民普遍的记忆。黄河沙大，水退沙不退，滩面越淤越高，为了防止水淹，滩区居民必须为建房垫起几米到十几米高的避水房台，垫房台是滩区居民为解决连年水患导致的"安居难"的尝试。

　　所谓房台，就是要在建房前垒一个高高的台子，在此基础上再建房。在菏泽的东明县和鄄城县，这样的房台高的有十几米高，矮的也有四五米高。这样的做法对水患可能造成的侵害有一定的缓冲作用。然而，这样通过家家户户自筹自建"用小推车一车车"推出来的房台缺少统一的规划和建设标准，导致每个村都呈现出一种"高一埝，低一洼"的地势，每家每户之间都有巨大的深坑，无论是在美观度上还是出行便利程度上都有一定影响。"洪水一来，家家户户放眼看过去就像是大海里的孤岛一样。"黄河滩区居民之所以难以逃脱"三三宿命"，一个很重要的原因就在于自筹自建的房台安全性难以保障，缺乏抵抗洪水的能力，导致滩区群众陷入"三年三年又三年"的恶性循环。也正是因为这样，安居成了滩区群众百余年来一个难以企及的梦。

图1-6　改造前村民居住状况全景

　　"一麦一水"是黄河滩区群众"靠天吃饭"的真实写照。黄河滩区产业属单一农业结构，基本没有工业、服务业。农作物以小麦为主，是典型的一麦一秋模式，农民收入主要来源于农业种植和外出打工。民间则有"一麦一水"的说法。"一麦一水"就是说，老百姓能保证收一麦，秋季基本上就绝收了。所以当时老百姓生活非常艰苦，他们当时的那种生活状态没保障。老百姓在每年开始种麦子的时候往往就已经做好了收不回来的心理准备。等麦子熟了，能收多少是多少，一涨水看着地里头收不回来的麦子掉眼泪也是常有的事。不景气的收成、难逃的"三三宿命"使得菏泽市黄河滩区在脱贫攻坚以前，贫困人口占滩区总人口的20%，远高于全国农村平均水平。东明县、鄄城县人均占有耕地面积分别是1.4亩、1.3亩，普遍低于全国人均占有耕地1.52亩。由于长期经受洪水灾害，滩区因房致贫情况极为普遍，超过1/3的住户生活在贫困线以下。由于滩区特定的地理条件，群众筑台建房难度很大，每户一般需要单独筑高度4米以上。所筑房台面积至少0.5亩，筑房台成本6万—8万元，占建房成本的一半以上，滩区内建房成本大约是滩区外建房成本的2倍。滩区群众的多年积蓄（相当于家庭10年的收入）和除了种地的其他时间全都用在筑村台建房上，几乎倾其所有，甚至负债累累。对那个时候的滩区人民而言，幸福生活根本就是个遥不可及的愿望。

图1-7 村民自建房屋与村台

"产业发展难，招商引资难"让滩区发展难上加难。与整个社会经济高速、高质发展相比，黄河滩区的经济发展存在很大差距，而这主要是由于黄河滩区常年遭受洪水威胁而带来的巨大经济损失。另外，由于洪水的威胁，许多工、副业项目的发展受到限制，收入增加缓慢。更进一步，由于黄河水患的影响，交通等基础设施条件差，客观上形成了环境的闭塞。这种情况下，整个黄河滩区受传统的生产生活方式的影响，改革开放、谋求发展的意识相对滞后。滩区与大堤以外相邻区域相比，不仅经济发展滞后，而且发展后劲乏力。近年来，在党和国家的政策支持下，农业产业虽然有较大发展，但由于地理环境影响，滩区农业仍然采取传统的种植模式，亩均效益低下；畜牧水产业，限于前期投资大、成本高等因素制约，发展仍然缓慢，没有形成规模优势，在帮助滩区群众增收上难以发挥其作用。黄河滩区乡村经济基础比较薄弱，村级集体经济基本处于空白，滩区位置偏僻，地理环境差，安全系数低，投资风险大，外商不愿投资建厂，招商引资非常困难，外出务工为滩区群众增收的主要渠道。然而，滩区的困难绝不仅仅是外在的客观条件难，更多的难则体现在教育、文化和人才培养上。受黄河滩区信息闭塞和劳动力综合素质的影响，滩区劳动力在外就业依旧不乐观。

"苦孩子，穷教育"是滩区父母心里难以抹平的痛。由于滩区经济发展水平落后，许多父母不得已背井离乡到外地务工，年幼的孩子因为自然条件限制、滩区学校配置数量不足，需要到乡镇上学。滩区的很多孩子小小年纪就要面对因为自然条件所带来的生活的苦难。另外，落后的滩区条件对年轻老师来说是一种巨大的阻力，很少有年轻老师毕业之后愿意选择滩区。也正是这样，滩区教师群体老龄化严重，缺少青年教师，尤其缺乏英语和音体美教师。而现有的教师又因为是民师转正，业务素质参差不齐，不利于滩区儿童的教育。

滩区的"行路难"在一定程度上加剧了"上学难"的问题。为了克服这样的"难"，黄河滩区群众也做过尝试。滩区群众最担心的就是每年的7—9月，这段时间是黄河漫滩的高发期，而一旦水涨起来，其速度之快、规模之庞大远超过想象。为了解决涨水期间的出行问题，滩区群众几乎家家户户都买了木船。但每个村里总有那么几户经济困难、买不起船的家庭，他们想要出行就只能跟有船的邻居商量好，借用别人家的船，这样一来使得出行变得难上加难。此外，一旦涨水，孩子们上学又成了一大难题。出于安全考虑，涨水时期学校只能选择停课放假，这对滩区孩子教育的连续性而言无疑是一种难以抵抗的阻碍。

鄄城县董口镇霍志荣谈到曾经滩区孩子上学的时候，讲了这样一个故事："我家孩子一直都挺自立的，那时候夏天涨水，上学也不让家里人送，都是自己去。有一天他自己坐船去上学，走半道上也不知道咋弄的，身上就弄湿了。到学校之后连续发烧两天，学校也一直没给我个信，我还以为孩子好好地在学校上学呢，后来还是同村的其他小孩给捎的信，说我家孩子烧得已经两天没吃饭了。一听到这我就赶紧推着车子往河滩走，心里着急得不行，等到了学校看到孩子，那小脸蛋已经烧得蜡黄，送到医院之后吐了老大一摊血。好在孩子很快就康复了，到现在也成家立业，平平安安地长大了，真要是当时出了什么事，我这上哪找谁说理

图1-8　菏泽市鄄城县黄河滩区迁建纪念馆老照片：滩区学校

去啊！"滩区的难从来都不是单一的，而是一连串的"连锁反应"。行路难不可避免地导致了上学难、就医难，而上学难又在一定程度上导致滩区群众受教育程度相对低，外出务工时处于劣势，只能从事一些体力劳动，这样又会对下一代的成长产生不可忽视的影响。

图 1-9　滩区学生的上学路

　　"就医难、看病贵"是滩区居民健康生活路上的"绊脚石"。滩区医疗卫生条件有限，卫生所数量少，鄄城县滩区仅有 6 处。而这些卫生室大都设在乡村医生自己家，条件十分简陋，缺少必要的医疗设备的同时，其安全性也无法得到保障。推行新型农村合作医疗制度以来，农民参合率逐年提高，但仍然存在看病难、看病贵的情况，群众因病返贫现象还比较突出。而滩区的看病难与城市中的看病难有本质上的不同。归根到底，滩区的看病难一方面在于医疗费用报销有限，加之滩区群众经济积累较少；另一方面则是由滩区的"行路难"导致的。说起曾经在滩区的就医经历，现在居住在六合社区的王凤红讲述道："住在滩区的时候，这要是白天有病还好，要是晚上有病，再碰上下雨，根本不可能出去看病。一到晚上平时白天走的路就不敢走了，一下雨全是泥。在我们这个地方老百姓就说'晴天人骑车，下雨车骑人'。黄泥地黏黏糊糊的根本不敢走人，要想出去看病就得绕老远，走将100多公里绕高速出去，救护车根本进不来。家里有老人就怕下雨天，以前那个房子啊，一下雨就从房顶往下掉土块，心里真是害怕得要命，就怕砸到家里这个老人。老头今年都90多岁了，真是经不起折腾，这万一出了事要去医院看病实在是太麻烦了。"

图 1-10　黄河滩区迁建纪念馆老照片：鄄城县董口镇朔村卫生室

长久以来，文娱生活是滩区人民可望不可即的奢求。"哪有时间跳舞唱歌，先不说当时滩区村里到处都是大深坑，就是有平坦的广场谁有心思干这些？家家户户有这个工夫还不如去拉两车土垫房台实在嘞。"匮乏的物质生活以及艰难的生活条件让滩区人民实在难以顾及文化生活。以鄄城县滩区为例，村庄共有文化站9处，建设场所3处，有秧歌队、腰鼓队等文化队伍的村庄仅有3个。乡镇里虽有文化机构，但由于缺少资金，至今没有建成文化活动场所。而宿命般的"涨水—塌房—垫台—建

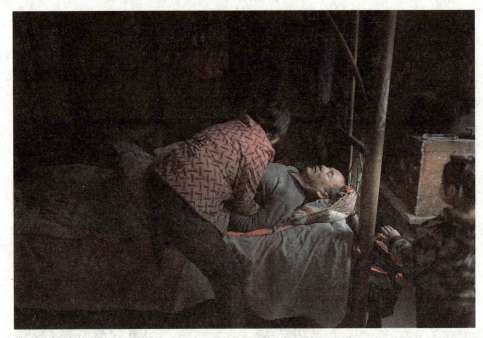

图 1-11　饱受疾病困扰的滩区居民

房—涨水—塌房……"让部分滩区群众寄希望于宗教，希望借此找到心灵上的慰藉，因此宗教活动在一定范围内盛行。

　　"有女不嫁滩区汉"，滩区青年难以回避的择偶难题。黄河滩区的自然地理环境导致其经济发展水平落后。长期以来，滩区男青年一直面临着择偶困难的现状。鄄城县董口镇鱼骨村的老支书提到，村里曾经六年间就娶进来一个新媳妇，女方家里往往对男方各个方面都很满意，但是一听家是滩区的就犹豫了。这样的情况绝非少数，也正因为此，越来越多的滩区青年面临择偶难的困境。为了解决这样的问题，滩区群众采取"换亲"的方式。所谓换亲就是两家都有单身的儿女，让两家儿女结婚从而能够传宗接代、延续香火。但这种形势下的婚姻并不稳定，通常导致一对小夫妻有矛盾，两家都要散伙的情况。

　　为了摆脱"三三宿命"实现幸福安居，滩区群众从来没有停止与黄河水患作斗争的脚步，也从来没有放弃尝试性的探索。但不得不承认，这些探索都一一宣告失败，滩区群众的探索在无情的黄河水患面前显得苍白无力的同时又带了丝命中注定的悲凉。

（四）不屈不挠的滩区人

各级政府始终把滩区人民生活的艰辛看在眼里、放在心上，急百姓所急、想百姓所想。为解决滩区群众的"七难"生活，帮助滩区群众摆脱"三年垫台、三年盖房、三年还账"的"三三宿命"做过多次尝试性探索。

首次尝试："968"洪水后的安置工程。1996年8月黄河洪水泛滥、灾情严重，引起了省委、省政府的高度重视。"968"洪水后，山东省委、省政府为从根本上解决滩区群众安全问题，作出了实施黄河滩区村庄搬迁的重大决策。原计划整体搬迁焦园乡、长兴集乡、菜园集镇、沙窝镇紧偎大堤的所有村庄。按照搬迁政策，每个搬迁户补助3000元，由乡政府统一组织、统一规划，群众自找工匠建设。可从1996年12月至1998年9月，历时近两年时间，最终焦园乡只迁出闫潭、吕寨、南李庄（部分）三个村庄，共500户，2000余人口。长兴集乡只迁出1个郭庄村，村民住房建筑为普通瓦房，全村86户，310口人。长兴集乡张夏庄村、菜园集镇兴隆屯村房子虽已建好但至今没有搬迁。甚至出现了群众大量返迁的情况。是房子不好吗？不是。很多村民说，新建房屋离自己种地的地方太远了，种地不方便。而当时成功搬迁的几个村也主要是因为，第一是当时村原址房屋几乎全部毁坏，不能居住；第二是本村在黄河大堤外有土地，无须新征他村土。而未能搬迁或搬后返迁则主要是因为原村离大堤较远，搬迁后群众耕作半径增大，生产成本增加，造成许多生活上的不便利；另外，新村公共基础设施缺乏，生活不便，补助标准较低，搬迁费用难以承担；再次，滩内原有住房未拆除，随时可以回去居住，且种地更方便也是主要因素之一。鄄城董口镇小屯村当时设计搬迁人口617人，1998年8月采用换地形式进行外迁安置，但由于搬迁仓促、规划较为粗糙，搬迁后相应配套学校、卫生室等基础设施匮乏，造成群众大量返迁。

二次尝试：2003年灾后重建安置工程。2003年灾后，国家将位于重灾区的东明县焦园、长兴集两个乡的灾后重建作为重点项目，投资国债资金8028万元，将两乡19个村、4722户、21464人搬迁至黄河大堤外，建成6个移民新村。其中，焦园乡2个新村，长兴集乡4个新村。6个新村规划总面积2159.7亩。工程自2004年开始实施到2005年6月底全部完成，共建房屋4848户26908间、51万平方米。这次搬迁由于充分尊重了群众意愿，补助标准相对较高（国家每户补助1.7万元，其余搬迁费由地方解决），效果相对较好。但是随着人口增加和经济发展，生活用地受到严重限制，目前也已经出现返迁现象。

三次尝试：就近淤筑防洪村台安置工程。2004年，东明县利用亚洲开发银行贷款和省级财政配套资金，在长兴集乡建设了南、北两个4米高的大型防洪村台。共搬迁安置滩区内7个自然村，2922户10235人。2006年东明滩区安全建设工程完成了长兴集乡两个大村台，工程设计按照防御黄河花园口12370立方米/秒，村台超高1.0米，村台台顶总面积60.12万平方米，规划搬迁11个自然村，2297户9795人。其中"7号新村"（竹林社区）为2004年开始实施的"大村台搬迁工程"之一，是就地筑大村台整合村庄搬迁的成功典型。也正是因为竹林社区的成功经验，使得东明县长兴集乡其他村后来的迁建动员工作变得十分容易，其示范宣传作用可想而知。就地筑大村台，既保证了滩区群众的生命财产安全，也没有远离生产用地，群众对整合原有村落就地筑大村台的模式比较认可。但搬迁补偿标准过低，村民搬到竹林社区时，每户补偿款为5万—6万元，而搬迁的新居建筑成本14万—15万元，不可避免地导致竹林社区的居民多有负债，使得村民后续的生产生活压力较大。

无论是政府还是滩区群众，为了摆脱黄患的威胁、摆脱"三三宿命"都曾做过这样或那样的尝试，而这些尝试都被淹没在一次又一次的涨水中，滩区群众的"安居梦"仍旧道阻且艰。

图1-12 东明县长兴集乡竹林新村全景

二、决战黄河滩 重建新家园

（一）党和国家的殷切关怀

黄河治理的千古难题历史性地交到了中国共产党手中，党领导人民治理黄河、保护黄河、开发利用黄河，黄河走上了一条河流变畅、两岸变绿、流域内安居乐业的大河良性发展之路。正如习近平总书记所说："实践证明，只有在中国共产党领导下，发挥社会主义制度优势，才能真正实现黄河治理从被动到主动的历史性转变，从根本上改变黄河三年两决口的惨痛状况。"

中华人民共和国成立伊始，秉持执政为民的初心和使命，毛泽东主席就指示"要把黄河的事情办好"，在中国共产党的领导下，人民治黄开始了新纪元。1946年，中国共产党领导成立了冀鲁豫黄河水利委员会，作为中国共产党领导的第一个人民治理黄河的机构。新中国的治黄工作，实行流域统一管理，全面规划，统筹安排。1954 年编制的《黄河综合利用规划技术经济报告》是国家第一部大江大河的规划。

图 1-13 驻鄄城县临濮镇旧址，1946 年 5 月

2014 年，菏泽市扶贫开发办联合九三学社中央调研组就黄河滩区扶贫开发情况，形成《关于黄河下游滩区扶贫开发的调研报告》汇报材料，详细展现了黄河滩区群众"行路难、住房难、上学难、择偶难、饮水难、就医难、致富难、发展难"的生活困境和渴望改变生活、期盼安居乐业的情况，反映了滩区群众的心声。山东省委、省政府旗帜鲜明，将滩区迁建作为我省脱贫攻坚的重大举措，并列为全省新旧动能转换的"10+1"重点工程，深入研究、谋划和推进。省委书记、省人大常委会主任刘家义来山东工作以来，先后五次到菏泽调研视察，每次都指示要做好黄河滩区脱贫迁建工作，并先后两次亲临东明县滩区指导。2016 年 8 月，时任省委副书记龚正同志带队到菏泽市调研，将解决黄河滩区群众安居问题提上议事日程。

习近平总书记多次强调："党和政府就是为老百姓服务的，让大家生活越过越好是我们的职责。让贫困人口和贫困地区同全国人民一道进入全面小康社会,是我们党的庄严承诺,不管任务多么艰巨,还有多少硬骨头要啃,这个承诺都要兑现。"①滩区群众的安居乐业是我们党必须担当的历史使命。

党中央、国务院心系黄河滩区,高度重视滩区迁建工作,将滩区居民的生产生活作为头等大事考虑其中。习近平总书记多次指出,黄河流域是我国重要的生态屏障和重要的经济地带,是打赢脱贫攻坚战的重要区域。2017年4月李克强总理在视察山东时,强调不要遗忘滩区群众,滩区迁建工作要全面实施。汪洋及其他中央领导同志也先后多次对黄河滩区脱贫迁建工作作出重要指示批示。对菏泽市而言,实现滩区居民脱贫摘帽是"十三五"期间的头等大事,这同时也是脱贫攻坚工作中"最难啃的硬骨头"。显然,滩区脱贫最大的障碍是建房,要解决滩区脱贫问题,首先要解决安居问题,这是滩区群众最迫切的愿望,也是滩区发展的基本条件。

正因如此,菏泽市深入一线调研滩区情况,掌握第一手资料。同时,菏泽市委、市政府多次到国务院扶贫开发办等部委汇报,请求支持。国家部委及省领导多次到菏泽黄河滩区调研指导。

2017年8月1日,《山东省黄河滩区居民迁建规划》经国务院同意,由国家发改委正式印发。它是山东省新旧动能转换重大工程中首个正式获批的单项规划,《规划》明确了黄河滩区迁建的范围与安置方式,标志着山东省黄河滩区脱贫迁建工作取得重大突破。2018年6月,习近平总书记在山东省考察时期指出,要打好打赢脱贫攻坚战,扎实推进乡村振兴战略,打造乡村振兴的齐鲁样板。"黄河滩、沂蒙山、老病残",是山东省脱贫攻坚锁定的三大重点。黄河滩区作为全省较为集中连片的贫困地区,滩区脱贫成为全面建成小康社会的攻坚之战。2019年9月18日,习近平总书记在黄河流域生态保护和高质量发展座谈会上发表重要讲话。2020年全国两会,"编制黄河流域生态保护和高质量发展规划纲要"被写

---

① 习近平:《习近平的"暖心话"》,央广网,2017年12月16日。

图 1-14　山东省委书记刘家义探望鄄城县扶贫车间群众

图 1-15　2019 年 12 月 5 日，山东省委副书记杨东奇到鄄城调研迁建项目

入政府工作报告。

黄河滩区迁建是一项惠当前利长远的重大民生工程、德政工程，承载着党中央对山东省的重托，对打好脱贫攻坚战、全面建成小康社会具有重大的战略意义。经过多次调研和反复研讨，菏泽市黄河滩区迁建项目符合国家产业政策要求，符合黄河流域和中原经济区规划，黄河滩区居民迁建项目是"十三五"期间国家、省、市各级政府着力实施的民生项目。

（二）规划重建新家园

让滩区百姓摆脱水患困扰，实现致富安居，是菏泽市各级政府工作的出发点和落脚点。为全力推进滩区群众脱贫搬迁工作，市委、市政府主要领导亲自挂帅，组建黄河滩区居民迁建专项领导小组，并在领导小组下设办公室，从市直机关单位抽调12名精干人员，实行集中办公，对迁建工作进行整体督导和调度。为保障滩区迁建工作的顺利推进，市委、市政府主要领导干部加班加点开会研究解决资金、土地、工程建设等一批问题，先后召开过31次专项会议。出台了《菏泽市黄河滩区居民迁建项目和资金管理暂行办法》《菏泽市黄河滩区居民迁建工作绩效评价暂行办法》《菏泽市黄河滩区居民迁建规划重点任务分工方案》等22项政策文件。

与此同时，迁建涉及的东明、鄄城和牡丹三个县区也成立了相应的专项工作组，并动员乡镇、村两级行政单位，形成了市、县、镇、村四级联动的工作推进机制。为了更好地督导整个工程项目的推进，各搬迁县、乡镇还从各部门抽调精干力量组建了迁建协调指挥部，指挥部就设在工程现场，广大党员干部吃住都在一线，为项目的推进提供了强有力的保障。一线干部既要帮助工程解决建材用料问题，还要协调资金申请和手续批复等工作。

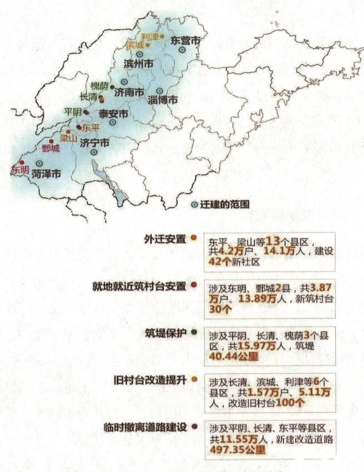

外迁安置 ● 东平、梁山等**13个**县区，共**4.2万**户、**14.1万**人，建设**42个**新社区

就地就近筑村台安置 ● 涉及东明、鄄城2县，共**3.87万**户、**13.89万**人，新筑村台**30个**

筑堤保护 ● 涉及平阴、长清、槐荫**3个**县区，共**15.97万**人，筑堤**40.44公里**

旧村台改造提升 ● 涉及长清、滨城、利津等**6个**县区，共**1.57万**户、**5.11万**人，改造旧村台**100个**

临时撤离道路建设 ● 涉及平阴、长清、东平等县区，共**11.55万**人，新建改造道路**497.35公里**

图 1-16 《山东省黄河滩区居民迁建规划》

综合考虑滩区人口分布特点及淹没水深、距离堤防远近，以及滩区群众的搬迁意愿、耕作半径等，滩区居民迁建采取外迁、就地避洪（包括就地就近筑村台、筑堤保护、旧村台改造提升）、临时撤离三种安置方式。山东省黄河滩区居民 60.62 万人，其中外迁安置人口 14.10 万人，就地就近避洪安置人口 34.97 万人，采用临时撤离措施安置人口 11.55 万人。滩区迁建项目在菏泽市共涉及三个县区，分别为东明县、鄄城县及牡丹区。其中东明县新建 24 个村台，安置 31822 户 116767 人；外迁社区 1 个，安置 717 户 2913 人。鄄城县新建 4 个村台，安置 5721 户 17894 人；外迁社区 4 个，共外迁 2121 户 7114 人。

菏泽市主要涉及两种迁建方式，即外迁和就地就近筑村台。所谓外迁，就是结合新农村建设，将外迁人口安置于城镇附近，不需在台外进行农业生产安置，仅需使用部分土地作为安置新社区用地，根据安置区城镇建设规划，安置区可容纳外迁人口。所谓就地就近筑村台，就是考虑滩区经济发展和群众防洪安全，结合现有避水村台建设情况，按照移民建镇模式，修筑避水村台集中安置。

另外，考虑到就地避洪村台、改造提升旧村台及其他滩区内未迁建社区的防洪标准低于黄河设计防洪标准，在黄河来水超过村台防洪标准时，需临时撤离避洪。村庄无道路连通滩外或高地的，新建临时撤离道路。村庄已有道路可连通滩外或高地，但道路标准满足不了行车要求的，改造提升原有道路。

在此基础上，滩区迁建项目的规划也考虑到了对于滩区整体风貌的分类规划。依据滩区不同区域的特色资源，将新建村台分为"田园生活型""中华文化型"和"黄河文化型"三种类型进行规划设计，充分体现了滩区生态和人文资源优势，实现了滩区发展差异性与整体性统一。在综合分析规划村台交通区位条件、资源分布情况、原有村庄产业特色的基础上，根据《山东省黄河滩区居民迁建建设专项规划》中确定的迁建社区产业发展类型，将28个新建村台进行发展引导。确定4个综合发展型村台、16个现代农业型村台和8个旅游带动型村台。

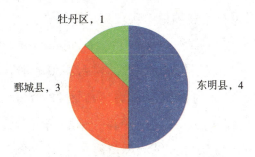

图1-17 菏泽市黄河滩区脱贫迁建涉及乡镇数量（个）

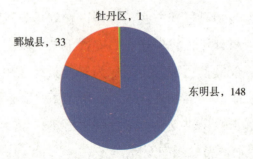

图 1–18　菏泽市黄河滩区脱贫迁建涉及行政村数量（个）

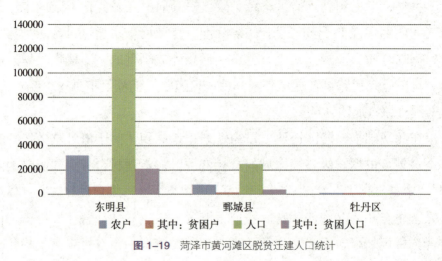

图 1–19　菏泽市黄河滩区脱贫迁建人口统计

（三）脱贫迁建奔小康：黄河滩区迎来历史巨变

随着黄河滩区迁建项目的稳定推进，滩区群众的幸福生活越来越有盼头，而滩区也必将在迁建项目中实现其历史巨变。

截至 2019 年 6 月，滩区 28 个村台全部完成淤填工作，台顶社区建设工作也已全面开工。按照设计标准，村台高度一般在 4 米左右，可防洪水和 8 级地震。预计到 2021 年 6 月，滩区 28 个村台社区全部建成，14 万滩区群众将全部入住新家，菏泽将一举解决市内黄河千百年来的水患问题，将中国共产党领导人民治理黄河推进到一个全新的阶段。滩区群众不再因房致贫，而且圆了长久以来的安居梦。安居梦的实现不是终点，而是滩区群众美好生活路上的新起点。随着滩区迁建林业各项工作的实施，绿地面积大幅增加，滩区景观得到较大提升，人居环境也将得到改善。同时，通过林业建设，树立"绿水青山就是金山银山"的理念，建立生态文明社区，构建"美丽乡村"，增强人们投身生态环境建设的自觉性和积极性，强化了滩区群众的生态意识、绿化意识和环境保护意识。

黄河滩区居民迁建是一项统筹考虑搬迁安置、经济发展、就业创业、生态建设等各方面的系统工作。为保证滩区群众"搬得出、稳得住、能致富"，菏泽市立足滩区特殊地理环境，高标准、高起点、高水平地编制黄河滩区产业发展规划。聚焦黄河滩区优势资源，大力发展绿色种植养殖、乡村旅游、农村电商等特色产业。一二三产业融合发展，实现了"一村一品、一台一韵"，打造成美丽乡村示范点和乡村振兴的样板，将昔日的"黄河滩"变成了美丽的"花果园"。

截至2020年底，菏泽市黄河滩区初步建成一批集旅游观光、特色采摘、黄河文化、科普教育、文化创意于一体的休闲农业与乡村旅游示范园区，打造一批农业旅游精品路线；在滩区各县区选择建设一批产业特色明显、规模效益突出、示范带动能力强的现代农业产业园，发展精品农产品生产基地，提高产业扶贫带动能力，全面提升黄河滩区现代农业发展水平，使滩区农民收入快速增长，滩区群众与全市人民同步进入小康社会。

图 1-20　菏泽黄河滩区脱贫迁建工程开工仪式

到 2025 年，黄河滩区农业产业结构更加合理，农村一二三产业深度融合，农产品供给质量和效率显著提高，物质装备水平大幅提升，科技支撑能力明显增强，生产经营体系不断完善，农业生态环境持续有效改善，形成产业体系完善、科学技术先进、物质装备优良、组织管理高效、生产方式绿色、品牌优势明显的可持续发展新格局。

图 1-21　生态无公害黄瓜园

第二章　科学规划与分类搬迁：
　　满足群众多样需求

　　黄河滩区群众脱贫迁建是一项涉及生产、生活、发展方方面面的系统工程。涉及滩区范围广、搬迁村庄数量多、迁移群众规模大，再加上与老百姓的切身利益息息相关，利益协调难，给搬迁工作带来了极大困难。为了尽早让滩区群众搬出"水窝子"，圆了群众"安居梦"。菏泽市在市委、市政府领导下，县、乡、村多级单位联动，领导干部和群众齐上阵，共同绘制了黄河滩区群众幸福安居的时代蓝图。

一、因地制宜有规划，科学分类来搬迁

　　黄河滩区群众的脱贫搬迁，既要考虑方便群众生产生活，又不能对老百姓正常的生产生活产生较大的破坏和冲击。同时还要考虑到易地搬迁要与今后的乡村振兴和发展有序对接，即黄河滩区群众的脱贫搬迁要处理好滩区迁建与新型城镇化建设、黄河行洪、群众脱贫的关系。既解决当前实际问题，又为未来发展留足空间，精心设计好黄河滩区迁建"路线图"。因此，搬迁绝不是一件说干就干的事。为了科学制定搬迁方案，菏泽市委、市政府组织干部深入基层开展入户调查。一方面摸清迁建底数，另一方面科学考察地质地貌，编制实施方案。按照生产美、生活美的标准，规划基础设施和公共服务设施，真正实现搬得出、稳得住、能致富的目标。同时，结合黄河滩区现有的基础条件和经济、社会状况，探索出了两种主要的脱贫搬迁安置模式，即就近浇筑村台和集体外迁。

表 2-1　黄河滩区群众脱贫迁建模式类型

模　式	优　点	条　件
易地新建社区安置	①安全性高； ②多样化就业方式	①滩外距离不远； ②城镇附近就近就业
就近新建村台安置	①群众动员难度小； ②耕作半径小； ③较好保留原有村民组织； ④建设成本适中	①村内提供土地建设村台； ②就近解决部分建设材料

（一）从小户台到大村台，就近村台搬迁

1. 吸纳群众智慧，探索村台搬迁

滩区群众要搬迁，首要的问题是往哪搬？黄河滩区范围广，地质地形复杂多样，群众规模大，要确定合适的搬迁方式并不容易。为了找到最佳的搬迁方案，接手东明县迁建工作的菏泽市东明县副县级干部刘庆喜跑遍了滩区大小村庄，也问遍了身边的专家。最初，有的专家建议，把滩区的老百姓整体搬迁到所在县城。这个方案看起来简单，但实际操作却很难。据测算，如果将全部 14 万多人整体搬迁到县城，综合费用至少要 150 多亿元。这对欠发达的菏泽市来说，资金压力大。当然，问题远不止是资金难题。

据刘庆喜介绍："最关键的问题是就业问题很难解决。我们县范围内有 12 万人左右的滩区群众，这么多人搬到县城他没法就业。整个东明的经济发展，现在这些岗位还远远满足不了这么大规模人口的就业需要，这 12 万人都搬过去，连三分之一也满足不了。"

搬到县城不行，从滩内搬到滩外行吗？这样的搬迁，刘庆喜见证过多次。自从 1996 年开始，东明县就曾在当年洪水后仓促上马建设了一片安置房，一共建了 105 套房子，但最终只搬来 2 户人家，如今也仅剩 1 户住在这里。"主要原因是房子修好了，但没路也没水，房子质量也差，就没搬过来。"菏泽市东明县张小集村村民张东山表示。

此后又有 2 万多人陆续从滩内搬到滩外，但刘庆喜说："这些都是紧靠大堤的村庄，如今滩内的 12 万人并不愿离开，因为远远超出 3 里路的耕作半径。再搬就十多里地，种个地隔着大堤，不方便。"

从滩内就近搬到滩外，看起来是可行的。但一个更尖锐的问题是，滩外的耕地也十分紧张。刘庆喜称："如果滩内的老百姓全部就近搬到滩外去，大堤外边就得征大概 15000 亩地，大堤外边这些群众，又得有 1 万多人失去土地，对这 1 万多人的生计怎么解决？又是一个难题。"

到底往哪搬？刘庆喜和大伙广泛开展调研，经过走访调查，他们发

现，有许多村民把房子散落地建在了由土沙堆积成的高台上。这些房台一般距离路面有 3 米多，而路面比原来的地面还要高出 1 米多。菏泽市东明县刘小台村村支部书记刘士虎说："年年涨水，涨水并且带来很多泥沙，原有的房台，泥沙过去之后变成了平地，你不得不打房台。"

筑台建房，群众的智慧被吸纳进搬迁方案。经过争取，东明县获得亚行贷款和省财政资金 5200 万元，在长兴集乡滩内就近修筑两个 4 米高、总面积 60 万平方米的大型防洪村台，将以前一家一户分散的房台变为大规模集中的村台，在村台上建设新型农村社区。刘庆喜称："这个大村台就相当于航空母舰，这个小户台就相当于一般的战舰。如果花园口到了 12370 立方米／秒，它的水面至少离台的距离还有一米，这样就能够保证安全问题。"

为了方便群众日常生活，大村台还高标准地建设了路、水、电等基础设施和学校、卫生室等公共设施，统筹解决了居住安全、耕作半径、生活环境等多个难题，受到村民的欢迎。

表 2-2　菏泽市黄河滩区迁建浇筑村台社区情况统计

指标名称	合计	东明县	鄄城县	牡丹区
1.新建社区（个）	34	25	8	1
其中：村台社区（个）	28	24	4	—
2.村台淤筑土方（万立方米）	10133	9017	1116	
3.建筑面积（万平方米）	561	456	102	3
其中：村台社区（万平方米）	471	441	30	—

2.村台选址不容易

以就地建大村台的方式搬迁，方式选定了，但村台建在哪里，也是个问题。一个村子搬迁，村台选址只要考虑地质地形问题，找专业机构勘探清楚了，村民内部协商一致同意即可。但如果是多个村子搬到一个村台上去呢？村与村之间的关系怎么处理？选址怎么协商？

在菏泽市东明县黄河滩区村台选址的过程中，"村台"成了群众拉家常的高频词。眼下大伙关心的，莫过于自己往哪个村台上搬。按照最初的方案，汤庄村和焦园村一起搬到7号村台，可这个方案一公布，汤庄村的村民们就不乐意了。

汤庄村村长汤宪志说："焦园村做生意的多，人也多，搬迁难度比俺村大得多。"村民刘聚宝觉得，"焦园村人的房子高，房子好，他们不愿意搬，搬得慢，他们这么拖着，明显是不愿意和我们一起，我们也不想和他们在一块。"

不愿意和焦园村在一起，汤庄村还有一个顾虑：两个村的耕地不相邻，将来调地种地都不方便。经过征求意见，村民们普遍想搬到8号村台，和荆岗村住在一起，因为两个村的耕地相连。可别人答应吗？为此，汤庄村特意请来荆岗村的干部坐在一起商量。荆岗村支部书记李敏杰表示："俺这几个村相处得很好，也没争过地边，也没咋着过，前汤后汤愿意来这个村来，他们来，俺也愿意接受。"包村干部又从中协调，最终满足了汤庄村的意愿。包村干部张现民介绍说，3个大队的干部坐在一块儿，在乡里召开会议，村干部再回村里召开村民大会，最终达成一致协议，汤庄由之前的7号村台挪到8号村台。

村民们为搬上8号村台苦恼，而工作人员却为它的选址绞尽脑汁。按照不超过3里路的耕作半径，根据卫星坐标，工作人员为8号村台设计了第一套方案。然而，拿着这个方案实际测量放线时，一定点，发现村台会占压路面。东明县重点项目办副主任程志超表示："牵扯到四个村出行的问题，你不能把这个路卡了，卡了村里肯定不同意。"

这个方案当场被否定，大伙又商量了第二套方案：往北平移。可一放线又出了新问题：村台与东边、南边两条路之间，各形成一个狭长型的三角地带。焦园乡武装部长郑强胜很无奈："出来这地咋办，闲置着，群众种没法种，又没法均分，再调整吧。"

第三次调整，村台继续往北移动，但既要以两条路为基准，又要保持台顶面积不变，只能对村台形状重新设计。两套方案都不可行，只能出现不规则图形，才能既满足有效利用土地，又能满足占地面积。经过两次北移和重新设计，村台占地又扩大了。第三次调整，又新征了 87.3 亩地。

历经三次变更，8 号村台选址终于尘埃落定。按照新型农村社区的要求，东明县已为 148 个自然村 12 万滩区群众规划了 25 个村台，每个村台平均规模 5000 人左右，目前村庄分配和村台选址工作已经完成。东明县副县级干部刘庆喜表示："分配和选址工作第一个原则就是整个农村社区规划。第二个原则，立足村里面当地的实际，地缘关系，土地远近。第三个是尊重当地群众的意愿，只有让群众都满意了，搬迁才是真正顺民心的工程。"

图 2-1　兴建中的长兴集乡 8 号村台全景

3. 村台浇筑是个大问题

村台搬迁虽然容易被老百姓接受，但要在黄河滩内就近浇筑大村台，并不是一件容易的事。这里面涉及很多的技术难题需要解决，最主要的是村台浇筑问题。按照菏泽市的办法，村台浇筑一般分为五个步骤：一是利用挖泥船挖取河、湖、海中的泥沙；二是通过泥管线强力输送到指定地点；三是吹沙填筑村台；四是村台自然沉降；五是待沉降结实牢固后在上面建房。步骤看起来清楚，但实际操作远没有那么简单。

翟联宾说："大村台是个新鲜事物，以前没听过，原想着督导一下就行了，不会太难。"村台淤筑采取围堰吹填方式，从黄河抽沙淤筑，外用50厘米淤土包边盖顶。然而单单村台浇筑，从围堰、吹沙，再到地基处理等，就面临着各种各样的困难阻碍，包括黄河含沙量少、河面管线经常被强对流天气撕裂、黄河泄洪流量居高不下、抽沙船停止作业等。当然，最主要的还是村台地基的问题。根据设计，村台淤建半年后，施工盖房子，淤建、包边。在这个过程中，地基含水量、承载力，每个月都检测，检测了半年，结果却达不到建房标准。半年不行，急了，怎么办？指挥部想办法，第一个是井点降水，长兴集8号采用的就是井点降水。我们这边上层是沙子做的，渗水效果好，采取的是26吨压路机碾压。可光靠压路机碾压还不行，它的影响深度是75厘米，根本不行，起不到效果。之后想了个什么办法，用强夯。起重机里面有一个挂钩，钩起来，那个钩花了20万，用来夯土的墩子重16吨，直径3米左右。提高到13米，冲击力2000千牛，两遍点夯，一遍满夯，从提到落1分钟多。点夯按照画的点来夯，直径6米，影响深度6米，村台高度都没超过6米。第一遍点夯，第二遍梅花夯，保障不漏夯，第三遍满夯，夯锤8吨左右，吊起来8米，冲击力1000千牛。点分是每个分点分8次，满分每个夯点夯1次。一般一次夯可以夯30厘米—70厘米，7—8次的时候就夯不动了，最后不到2厘米，就夯好了。还有个技术问题，就是夯完之后要静置两周。因为夯完了，空气出不去，空气被压里面，等它自然释放出来，这就是技术问题。之后就是钎探，动力钎探和静力钎探，这两个不一样。之后还要进行镜面实验，夯完还要检测，检测出压实度为97%就可以了，建5层楼都没问题。之后盖房子的时候，每个房子开好地槽，每个房子再做一次钎探。强夯就是为了保证质量，现在台子的沉降均匀，达到承载力，深入度，这就靠谱了。

图 2-2 架线铺管抽沙

　　"老百姓们，领导们谁都害怕担责任，民生工程出了问题谁来担责任啊，都是按照更高的标准来建设的。这个是统一盖的，你有一点裂纹，就找你政府。解决两个一百年问题，解决一百年前想做做不成的事，解决一百年后想做做不成的事，没有质量保障，那肯定不行。"

　　为了把台子筑好，翟联宾和工作人员连续多日吃住在村台。"一次赶上村台吹沙，正值数九寒天，黄河结了冰，迎面吹来的风冰冷刺骨，我里面穿着棉衣，外面再套件军大衣，仍禁不住打哆嗦。"翟联宾说，"这一切的努力都是值得的。"2019年11月12日，沙窝镇3号村台宣布地基处理结束，正式进入社区建设阶段。

图2-3　重型机械强夯村台

　　村民李大爷看着正在浇筑的村台感慨地说："还是国家办事靠得住。以前各家各户自己用平车和筐子抬土，用石头自己夯筑，实在是太费劲了。有时候台子还没筑好，一场雨就给冲走一半，一个台子建得快的要几个月或一年，慢的要好几年才能建成。自己夯的台子不结实，边上还总是塌陷，有的地方夯得不均匀，地基不稳，房子建好没几年，到处都是裂缝。政府用这么大的机器，十几吨的大铁块无数次地夯实，那地基肯定结实耐用。"

　　一个个村台，从无到有，从小到大，承载着滩区群众的安居梦想，见证着黄河滩区的历史性变迁。焦园乡8号试点村台乡镇指挥长郑强胜自从负责试点村台以来，便没有了节假日，打围堰、吹沙、淤筑村台、自然沉降……看着村台一天天"长大"，他的成就感油然而生。郑强胜表示，焦园乡8号村台是首批黄河滩区居民迁建试点村台，涉及荆东、荆南、荆西、汤庄4个行政村，6个自然村，1537户5345人。村台社区工程建设正式开工，标志着黄河滩区居民迁建工程又向前迈进了关键一步。

图2-4　浇筑好的村台等待自然沉降

　　按照浇筑村台社区的原则和方法，菏泽全市范围内3个县区共浇筑村台28个，其中东明县24个，鄄城县4个。共浇筑村台社区面积471万平方米，安置人口134661人。并按照"一村一品、一台一韵"的原则，将28个村台分类建设成4个综合发展型村台、16个现代农业型村台和8个旅游带动型村台。

表2-3　分类引导村台景观风貌类型

村台主题定位	资源条件与发展特征	数量（个）
综合发展型	结合当地实际，探索现代农业、旅游业、劳动密集型加工业相结合的综合型村台	4
现代农业型	高标准农田建设、规模化经营、企业＋合作社＋农户	16
旅游带动型	挖掘文化、生态资源，发展生态旅游和文化旅游	8

专栏 2-1

滩区村台浇筑设计标准

菏泽市鄄城县旧城镇安庄村台位于营房、彭楼断面之间，三合村台位于彭楼、大王庄断面之间，七街、大邢庄村台位于大王庄、史楼断面之间，村台设计水位由上述水文断面水位内插求得。根据《黄河流域防洪规划》（国函〔2008〕63号），并参照《黄河下游滩区综合治理规划》研究结论，滩区村台设计洪水位按2000年当年设计水位推算，求得4个村台20年一遇洪水设计洪水位分别为：安庄村台57.59m；三合村台56.99m；七街村台56.18m；大邢庄村台55.91m，详见表1。

表1　村台20年一遇洪水设计水位成果表

乡镇	村台/断面	距铁谢里程（km）	断面间距（km）	距上游断面距离（km）	设计洪水位（m）
旧城镇	营房断面	333.53	0.00	—	58.11
	安庄	—	—	4.2	57.59
	彭楼断面	339.73	5.70	—	57.4
	三合	—	—	3.3	56.99
	大王庄断面	347.68	7.32	—	56.49
	七街	—	—	2.21	56.18
	大邢庄	—	—	4.1	55.91
	史楼断面	359.37	9.52	—	55.14

表2　新建村台设计高程

村台名称	村台台顶面积（m²）	村台顶高程（m）	地面高程（m）	边坡
安庄村台	369889	58.60	54.40	1:3
三合村台	580289	58.00	52.80	1:3
七街村台	384182	57.20	52.13	1:3
大邢庄村台	261995	56.95	52.65	1:3

（二）外迁集中安置，还原村民聚居形态

通过浇筑村台的方式进行搬迁，是为了解决村民外迁可能导致生产半径过大，给滩内群众生产生活带来不便的问题。为了最大化保护滩内生态环境不被破坏，菏泽市探索了将距离滩外较近的滩内群众外迁到滩区之外进行集中安置的办法。

菏泽市发改委负责黄河滩区脱贫迁建项目的副主任李峰表示："外迁主要是考虑两方面情况：一是考虑黄河滩区地质地形和行洪方便等原因，不合适在滩内浇筑村台；二是考虑一部分其中居住地就在黄河大堤附近，距离滩外就一个大堤的距离，往外搬迁不会造成生产半径过大的问题。"

除了上述原因外，滩内一些群众由于祖辈长时间受到黄河水患的影响，生产生活不便，群众苦不堪言，有强烈的外迁愿望。综合考虑实际情况和群众诉求，菏泽市共在全市范围内确定新建外迁社区6个，其中东明县1个，鄄城县4个，牡丹区1个，外迁社区建筑面积共90万平方米，安置人口12264人。

表2-4　菏泽市黄河滩区外迁社区数量统计

指标名称	单位	合计	东明县	鄄城县	牡丹区
1.新建社区	个	34	25	8	1
其中：外迁社区	个	6	1	4	1
2.建筑面积	万平方米	561	456	102	3
其中：外迁社区	万平方米	90	15	72	3

图 2-5　菏泽市东明县沙窝镇马集村外迁安置社区建成具备入住条件

1. 再度为邻，邻里情深

传统农村居民的居住形态是在长时间生产、生活基础上自发形成的，以水平分散格局为主。在长时间共同的生产和生活中，农村群众生产上互帮互助、生活中交流频繁，村民之间发展出特有的熟人关系。而基于长时间的居住生活，村民对农村也产生了深深的故土情结。随着黄河滩区脱贫迁建工程的推进，农民搬进新的村台社区或外迁社区，要么远离原有的生产生活地，要么搬离原来熟悉的村庄。村民对原有旧村的故土情结受到一定程度的冲击，为了更好地适应社区生活，在选房前，滩区群众就以村为单位，讨论了搬迁后的选房安置问题。村民们一致认为，不应该把现在的邻里关系完全打散。如果邻里关系都乱了，出门谁都不认识，难免生活不便。

村两委将村民们的意见反馈给上级政府，上级政府重视群众想要保持原村邻里关系不变的诉求，及时商讨安置方案。确定了原村聚居，维持邻里关系，保护熟人文化的方案。具体来说，在外迁社区安置时，采取整栋楼一个村集中安置的措施。如果行政村人口规模大，自然村数量多，则采取同一个自然村集中整栋楼安置和一个行政村集中在社区一个片区进行安置的方式。以最大化还原村民原有的聚居形态，使村民"搬村不换邻居"，方便村民日常交往。在滩内村台社区内，按照村民集中居住需要，将村台社区划分为不同片区，将原有村庄聚居形态整体移植到村台社区，即一个行政村片区相对集中，自然村保持邻里关系不变。同时，在搬迁过程中注重搬迁群众特殊居住需要，充分给予群众选房自由。按照"与邻为善、以邻为伴"的理念，以整合和重构传统邻里关系为切入点，共同创建"邻里情深"的新式熟人社区。

当地干部指出："采取这种集中安置的方式，可以最大化减少搬迁对村民原有生产、生活习惯的冲击，降低搬迁对群众正常生活方式的不利影响，使搬迁群众能够更快、更好地适应新社区生活；另外一方面可以最大化减少搬迁阻力，提高群众搬迁积极性。"

来自黄河社区的搬迁村民李某表示："现在左邻右舍跟在原来老村里住的时候基本上没变化，即便到了新的地方住，原来的那份亲切感还在。出门还能碰到熟悉的人，在新的小区也不会感觉太陌生，这是好事。如果一出门周围都是其他村的人，一个都不认识，平时只能关起门来闷在家里，那肯定快活不了。"

2. 集中服务提高社区工作效率

原村集中安置，还原村民聚居形态，不仅维持了村民之间的熟人关系，能够使村民更好地适应新社区生活，同时也是菏泽市创新搬迁社区治理的重要尝试。在迁建新社区按照村民原有的居住形态集中安置村民，维持村民原有的组织形式，是再造地方性共识和构建社区新的集体意识的前提和基础。基于村民的熟悉关系和村庄的熟人文化，有利于更好构建社区居民之间的纽带，从而降低搬迁社区治理的难度。

无论是新浇筑村台社区还是新建外迁社区，单个社区安置村民的规模都很大。在全部滩区脱贫迁建社区中，规划安置自然村最少的为1个，最多的为11个。涉及村民人数最少为407人，最多为8109人。大规模的村民安置，给新社区的治理和村民服务带来了新的难题。加之许多社区在规划的时候涉及多个村庄村民的安置，不同村庄之间村民的管理也是社区治理面临的新课题。为了妥善解决新建社区的治理难题，菏泽市采取了在一段时间内由原村两委管理各自村民的方式，以推进搬迁安置工作的平稳进行。而要做到由原村两委继续服务和管理自己村的村民，集中安置是必须要满足的前提条件，既方便了村两委对自己村村民的协调与服务、管理，也便于新社区的整体治理。

鄄城县董口镇外迁社区黄河社区的工作人员表示："我们社区是安置了6个自然村，3000多人的。这么多的人口如果分散插花安置，相互之间都不熟悉，我们平时的社区工作根本没法干。像一些工作的宣传，要通知到具体的户和具体的人，相互之间如果不熟悉，住得又分散，全靠工作人员一个个去找，那就太慢，效率也太低了。现在我们按照原村整体集中安置的方式安置村民，社区日常工作时要协调具体某个村的事情或涉及某一户的具体情况，知道在哪个片区，直接过去定位去找就可以了。"

除了方便社区治理和社区服务外，村民整体集中安置，还有助于最大化降低不同村民之间发生摩擦和冲突事件的可能。由于村民搬迁到新的社区，村民之间相互熟悉度不高，日常生产和生活方式、生活习惯等存在一定差异。整体聚居可以减轻因生活方式和习惯不同导致的不必要麻烦。同时，集中安置还有助于避免在涉及社区公共空间使用和道路卫生保持等方面可能产生的摩擦与冲突，从而降低社区治理难度，营造社区和谐氛围。

（三）百姓搬迁，土地调整是关键

滩区群众搬迁安置，无论是就地浇筑村台还是外迁安置，都涉及土地调换的问题。由于就地浇筑村台采取多村集中安置的方式，因此选择建设村台社区的地方往往至少要占用一个村的部分土地，有的村台社区选址甚至同时占用了4个村的土地。外迁安置社区也要占用部分村落土地。因此，统筹土地调换是搬迁社区建设和滩区群众安置的重要环节。

菏泽市迁建社区建设过程中，土地统筹方式主要有两种：一是土地置换，浇筑村台社区时多使用土地置换的方式解决村台建设占地问题；二是购买土地，多在外迁社区建设中使用该种方式，也包括土地置换。

就近浇筑村台占地置换尤其复杂。按照滩区群众迁建工程的统一规划，一般设计为多个行政村就地迁建一个村台。这就会出现不同行政村占地不均的问题，因此需要村与村之间的相互增减给让。东明县 8 号村台指挥长郑主任表示："以 4 个村合并浇筑一个村台为例，比如设计村台占地面积 800 亩，其中占 A 村土地 600 亩，占 B 村 100 亩，占 C 村 100亩，D 村土地没有被占。那么按照不同行政村人口数量，设计村台社区人均占地面积为 80 平方米，包括住房和公共空间。那么，根据合理的比例，B 村、C 村和 D 村要按照合理的比例从本村土地中划出相应的土地面积补偿给被占地较多的 A 村。划减土地的村子按照一定的原则，比如整村平摊，按照一定指标分到各个农户。补偿给 A 村的土地，A 村内部按照被占地的村民小组或自然村进行合理补足。村与村之间土地的划减给让，还要考虑就近、相邻、使用性质、土地肥力接近等原则进行划拨。"

需要指出的是，新建村台占地不按永久征收土地处理，而是仅对新建村台所占的耕地、鱼塘、藕塘等进行过渡期补偿。迁建工程实施后，对腾出来的旧村落进行复垦，与新建村台占地进行置换，同时保证被征地农民耕地数量不减，实现"占补平衡"。

外迁社区的建设占地问题，根据迁建地实际情况采取滩内外土地置换和直接购买土地的方式进行。如果外迁目的地距离滩区不远，则多采取土地置换的方式调整土地，方便滩内外群众生产生活。按照合理的比例从滩内土地中划拨一部分土地补偿给因建设外迁社区而土地被占用的滩外村落。如果外迁地距离滩区较远，靠近城镇边缘，置换土地难度较大，多采取购买土地的方式。政府利用原村落土地流转资金和出让资金购买占地村的土地，用于建设外迁社区。

　　土地调整涉及滩区内外群众的生产经营问题，难度较大，是整个黄河滩区脱贫迁建工作难度较大的环节。为统筹土地调换，切实保护广大群众的根本利益，在菏泽市委、市政府领导下，各级干部深入基层调研了解老百姓的诉求，在一线解决土地调换过程中遇到的各种难题。基层干部和一线群众广泛参与进来，凝聚了广大基层干部和群众的智慧。

　　"土地是老百姓的命根子，土地的问题解决不好，一切工作都无法顺利进行。"谈到调地问题，王庄新村的郭志荣支书提到，"调地是最关键的，只要土地的问题能够解决，其他什么都不是问题。"因此，迁建工作一开始，郭支书就与其他三个行政村的支书在乡镇干部的协调下达成一致，一定要优先把土地问题解决好，要照顾到全体老百姓的切身利益和合理诉求。调地不是简单的调整，涉及行政村与行政村之间的调整、自然村与自然村之间的调整以及村民与村民之间的调整。"所以在调地的过程中既要考虑占用了人家多少地，他自己搬到村台上又需要多少地。你给出来100亩地，但是搬到村台上去用了200亩，就要把你的地拿出去补给人家那些拿出200亩地，实际上搬到村台上的人口只占100亩地的村。"另外，在调地的过程中，一类地和二类、三类地之间也要相对公平地进行协调。"人家拿出来的都是一类地，你调地的时候不能给人家三类地，要对等调换。"郭支书说，"谁都想要好的地，你也想要，他也想要，但是好地有限，多占了就要补偿。"在调地这项工作上，郭支书说必须要做到公平。为了做到公平，经常要一户一户地跑，既要了解每一户的合理诉求，还要从整个村子角度进行统筹。郭支书经常早上7点半出门挨家挨户跑，晚上10点多才回。在涉及全村土地出让调整的问题上，还要召开村民大会进行讨论协商，有时候一开就是一天。"那段时间整个人都瘦了一圈，晚上经常睡不着觉。"郭书记谈起那段时间的工作至今记忆犹新。但他觉得，正是那段时间的努力工作，换来了老百姓的满意，换来了迁建工作的顺利推进，"瘦再多也值了"。

图 2-6　村两委召开村民代表大会讨论土地调整问题

二、高标准建设，打造现代村居样板

黄河滩区群众脱贫迁建社区，按照"布局合理、环境优美、功能完善、服务便捷、管理民主"的标准，进行高起点规划建设。千百年来，黄河多次泛滥成灾，滩区人民饱受艰辛，居住难、生活难、出行难、生产难。远离洪灾、摆脱贫困、实现富裕是滩区人民的希望所在。搬离房屋简陋、沟壑纵横、街巷崎岖的旧村居，住进生态宜居、乡风文明、功能完备的新社区是滩区人民的梦想所在。筑建大村台，构建新社区，就是要让十几万黄河滩区群众告别老屋，离开旧村庄，搬进绿树成荫，芳草青青；道路硬化，四通八达；一二三层房屋错落有致、韵味十足；幼儿园、学校、卫生室、超市、图书室、文化娱乐场所等公共服务设施一应俱全，现代生活气息浓郁；供水、供热、供气、排污等各类基础管网健全、功能完备的新社区。

黄河滩区作为黄河流域重要的特色风貌带，迁建社区既体现了黄河流域的自然特点，又体现了滩区独特的民风民俗，突出了文化个性。参与黄河滩区迁建社区规划设计的山东工艺美术学院院长潘鲁生说："黄河滩区迁建，不仅仅是人群的迁徙，还是文化的迁徙。建筑要展现出当地文化的生命力，统筹自然环境、人文环境，真正建成黄河沿岸最有文化底蕴的新农村。"据了解，2017 年 8 月，山东省建筑标准服务中心编制了《黄河滩区迁建农房建筑设计图集》，提取了屋脊脊兽等主体元素，设计了 6 种不同面积指标，共 9 个户型方案，其中单层建筑 4 个，二层建筑5 个，每个方案均配有全套施工图，以供黄河滩区迁建农房建设参考选用。菏泽市黄河滩区搬迁社区建设，充分考虑到了黄河的基本元素和鲁西南居住文化特征，聚焦独特的形态风格风貌，每一个社区，每一栋房屋，点上有亮点，线上有风景，面上更出彩。体现了"一台一品，一台一韵"，避免了"千村一面"和"同质同化"。

图 2-7 黄河滩区脱贫迁建外社区建成图

黄河滩区脱贫攻坚负责人表示："规划编制和风貌塑造必须要充分考虑菏泽地区实际，如居民对于装配式建筑这一新的建造方式的接受程度，当地投资资金的承受能力，特别是当前由于环保压力，大量砖厂关停造成的建材短缺和价格上涨等问题。"

在具体的搬迁社区建设过程中，为最大化实现新建社区土地集约化利用，同时考虑新型社区建设要对接乡村振兴战略和新型城镇化发展规划，菏泽市按照现代化高标准社区建设模式进行搬迁社区规划。村台社区的建设采取联排单体别墅式建设样式，并配套相关基础设施和公共服务设施，全力打造新型村居社区样板。

图2-8 菏泽市就近浇筑村台社区风貌

（一）基层干部工地倾血汗

迁建社区的建设，凝聚了基层干部和广大滩区群众的血汗。在东明县长兴集乡村台社区建设过程中，群众时常嘴边挂着薛刚山书记的名字。在百姓眼里，薛书记始终坚持把滩区迁建工程作为全乡头等大事和"天字号"工程，牢牢扛起这一重大政治责任、历史责任，强化组织领导，加压推进工作。在整个迁建过程中，清障搬迁是解决滩区居民迁建最后一公里难题的关键环节。为切实做好搬迁工作，解决群众反映的诉求，薛刚山同志总是亲临一线，正确引导、积极化解，耐心细致地讲解相关法律和政策要求，分步解决。在 7 号村台建设过程中，面对 620 户繁重的拆迁任务，薛刚山同志迎难而上，带领 11 名科级干部、40 余名精干力量日夜盯在村台一线，白天帮助群众抬家具、找安置，晚上召开碰头会、调度会，总结当天工作，制订下一步工作计划。后来，李焕堂村村干部李均喜深有感触地说："当时如果没有党委、政府的正确领导，没有薛书记拼命似的强力推进，这 620 户的拆迁工作如何才能顺利完成？薛书记带领大家奋战 40 余天完成，终于可以睡个安稳觉了。"

由于常年超负荷工作，去年年底，薛刚山同志积劳成疾患上了膝盖滑膜炎，大年初二在医院检查后，初三带病返岗，膝盖疼得没法打弯，就让同事扶着上楼工作。用自己的切身行动，为广大党员干部树立了榜样。2020 年是决战决胜滩区迁建的关键之年，薛刚山同志更是天天泡在村台上，不是在这个村台上处理问题，就是在去那个村台上处理问题的路上。8 月，在 4 号村台督促工程建设进度时，不慎被建筑物料上的钉子扎破了脚，但是为了继续督促村台工程建设进度，没有及时处理伤口，而是继续连轴转似的在各个村台上督促工程进度。几天后，伤口恶化，疼痛难忍才去医院检查处理伤口。由于没有及时处理，导致血液感染，得了菌血症，在医生和同事的强烈建议下，才不得不中断工作，在医院住了半个多月。病情稍有好转，他立刻又全身心地投入到工作中去。

为了滩区的建设工作，薛刚山亏欠了家庭太多，妻子也偶有怨言。但在薛刚山看来，所有的付出都是值得的，特别是当他看到村台上的一座座新房拔地而起以及群众对他满怀期待和信任的目光时，他的内心是充实和欣慰的，尽管亏欠了家庭，但赢得了滩区迁建的实实在在的成效，赢得了老百姓的认可。

鄄城县旧城镇三合村，自村台社区建设动工以来，每天清晨 5 时 30 分，指挥长周朝红都会准时来到工地，此时，项目经理谢保记也来到了指挥部。6 时，他们每天的碰头会正式开始……村台上，一排排坐落有致、整齐划一的新房已经完工，运料车辆来回穿梭，工人们干劲十足，处处热火朝天。如今，三合村村台（六合社区）公共设施配套工程主体工程建设完成，基础设施配套正快速推进，安置房正在室内外装修。

谢保记的家在旧城镇苏庄村，距离村台仅2公里，然而进驻工地后，他3个月吃住在工地，没有回过家。"村台社区建得不好，村民一找就找到老谢家，可不得责任心强一点。"在村台社区建设现场，周朝红笑称，村台社区建成后，谢保记的家也要搬到这里。谢保记他们是第一批复工的人员。疫情防控常态化形势下，每天一早，1200余名复工工人经体温检测消毒陆续入场，进入自己的岗位。为了赶上疫情耽误的工期，他们需要尽快保质保量完成剩余的外墙粉刷、水电安装等工作。周朝红说："滩区迁建工程是前所未有的大工程，干部们在工作中受了多少委屈、受了多少累，只有这些参与的同事最清楚。"孩子年幼，妻子上班，周朝红却常常不能回家。周朝红说："每天都要查看工程质量、了解进度，及时解决遇到的困难。为了滩区的群众能早日搬进新房，这些付出都值得。"

（二）滩区群众感受大变样

"深入基层一线，充分调动群众"是菏泽滩区迁建工作的一大亮点。除了迁建干部深入滩区、走村入户倾听群众诉求，在一线调度工作外，菏泽市在搬迁工作中还特别注重组织村干部及群众代表到施工现场实地参观，感受迁建变化，增强发展信心。为此，各搬迁村都成立了由党员、村民代表等组成的15人左右的村民迁建自治委员会，切实发挥监督、协调作用，及时解答群众关于搬迁中的不解与疑问，沟通解决工作过程中群众遇到的困难与问题，起到了有效推动作用。除此之外，施工企业也将施工场面向群众开放，定期组织群众代表到工地进行监督，工程的高标准、高质量建设得到了群众的好评。

菏泽市东明县长兴集乡8号试点村台，村民张留芳正和几个村民参观将要搬进去的房子。张留芳说，这不是他第一次来参观了，只要不忙，他都会过来看看，每次来总能碰到几个同村的村民。"我们都想到一块儿去了。"说罢他不好意思地笑了笑。摸一摸墙壁、敲一敲瓷砖、扶着楼梯去二楼、三楼转一转，再在阳台看一看前面建设着的工地，都是他每次来的保留项目。

图 2-9　村民张留芳在参观新房子

鄄城县旧城镇大邢庄村村民李中学也时常到施工现场去走走看看，"我就是不能撑一个星期，就过来看看，我原来住的那屋子现在换成楼房，又这么美观，我很满意了，这已经到了这个小康了。"如今大邢庄村台，工人们正在紧张有序地忙碌着，有的正在砌着幼儿园的围墙，有的正在硬化路面，红白相间的二层小楼拔地而起，安置村民就业的服装加工车间也已完工。

也有的村民有着多年的建筑工人工作经历，经验丰富，也应聘到施工现场做起了建筑工人。"自己的房子自己盖，住得也舒心。"菏泽市鄄城县旧城镇武西庄村村民谢保记掰着皲裂的指头，算着工程竣工日子，喜笑颜开。

（三）喜迁新居，百姓搬家忙

统一外观样式的多层楼房整齐划一，水泥硬化过的小区街道平坦整洁，车辆有序进出小区、各种配套完善，农村里有这样一处小区，显得特别"耀眼"。祖祖辈辈居住的穷窝子，一朝旧房换新颜，在中国特色社会主义新时代实现了"蝶变"。

图 2-10　上图为即将要迁建的菏泽市鄄城县旧城镇王庄村；下图为菏泽市王庄村即将要整体迁入的六合社区（三合村村台）

"这放在几年前，是不敢想象的。"王永梅感慨。如果不是滩区迁建整村搬迁，她的子孙们或许仍漂泊他乡。"村子贫穷落后，孩子们都是在外自谋生路。现在村子搬迁，有了新房，儿孙们在小区里都有房。"新房建好后，王永梅是第一个赶着排队去登记选房的。一大早6点半，王永梅就起来准备。"我是第一个到的，排队也是在最前头。看到新房高兴，要赶早选好，早点搬进来。"王永梅回忆起选房时候的积极劲头，现在还记忆犹新。

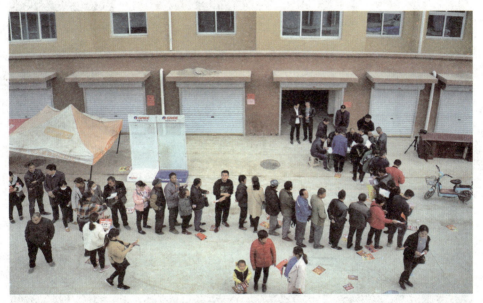

图 2-11　搬迁群众观看户型图板选择自己心仪的房子

王庄村的张发财、宁素珍老两口一拿到钥匙，就开始准备搬家了。"这是俺家的全家福，把它擦干净了挂新房里去，等过年人到齐了，在俺新家大门口再拍一张。"他小心翼翼地摘下挂在老屋上的全家福，拿上用床单包起的铺盖、被褥等，骑上电动车向1公里外的村台驶去。"老家具都不要了，住新房、买新家具、过新生活。"张发财一口气说了三个"新"字，话语间充满了幸福感。

图 2-12　老百姓排队登记选新房

图 2-13　程老汉一家在老家的合影照

图 2-14 滩区群众自发搬家展笑颜

68 岁的王永梅有两个儿子，大儿子都有了孙子，两个儿子都有各自的家庭，因此他们在新搬迁的小区里买了三套房子。搬迁补偿按照人头计算，每人 28400 元，王永梅老两口用了 7 万元钱住进新房。而她的大儿子家因为人多，补偿也多，"如果不是大儿子选购车库补了 5000 多元钱，五口人算下来补偿款还有剩余"。

王永梅说："这七万块，是两个儿子和一个女儿给拿的，电视机是孙子给买的，空调是侄子给买的，我们老两口没花一分钱就住进来了。"王永梅的房子有 80 多平方米，两个老人居住，两室一厅已算是十分宽敞了。房子干净、整洁，对比滩区房子，简直是天壤之别。王永梅说："以前总怕水淹，所以家里也没什么像样的家具，现在不一样了，该买的、该有的都有了。"

图 2-15　滩区迁建社区新房内部装修完毕家具进房

　　走进鄄城县三合村，整齐划一的街道、错落有致的绿化，抬头便见毫无遮挡、不再被电线分割的蓝天白云。国网鄄城县供电公司对所有电力线路采用地埋电缆的方式铺设，美化了村台环境、提高了安全水平。村民从新住处走到自家田地，最近的几十米，最远的也不超二里路，住着自己的房，守着自家的地，用电、上网、上街样样都不差。为了进一步提升社区居民居住体验，国网鄄城县供电公司还对三合村村台进行了"智慧化"电力设施建设，建成了全省第一个"智慧村台"。通过安装 4 类智能监测终端，实时采集数据上传至云平台自动开展分析研判。云平台以大数据为支撑下发"主动运维"工单，超前发现并实时处理设备隐患；通过 3D 模型精准显示故障停电地点和类型，下发"主动抢修"工单，减少故障排查和抢修准备时间，恢复供电时间由平均 71.2 分钟降至 30 分钟以内；还可以自动发送短信实时告知停电和来电信息，村民停电感知明显降低，幸福指数大幅提升。不仅如此，村台社区还设置了"彩虹驿站"，坚持"一站全办"服务理念，实现密集布点"网格化"、实时在线"零延时"、主动上门"保姆式"服务，架起党联系群众的"连心桥"，提升村民电力获得感和满意度。

整洁的小楼、宽敞的校园、干净的道路，少有所学、老有所养，服务中心、文化广场、卫生室等配套设施一应俱全，待村台社区工程完工、村民搬迁新居，美丽乡村的画卷在这里徐徐展开。终别"九曲黄河万里沙"，人人脸上的笑容，是对"安居"一词最好的解读。

图 2-16　搬迁群众脸上洋溢着幸福的笑脸

谈论着今后的生活，焦园乡汤庄村村民王利娟高兴地说："新房子比城里人住得还好，新社区环境比城市还美，滩区百姓摊上了一个好时代，真心为党委政府'点赞'。"住在新建成的美丽社区内，对新生活的向往，在每个滩区群众心里，静静生长……

图 2-17 滩区群众喜迁新家

三、留住一抹乡愁，同步传统文化保护

党的十八大以来，习近平总书记多次强调，建设美丽乡村，"不能大拆大建，特别是古村落要保护好"；新农村建设一定要走符合农村实际的路子，遵循乡村自身发展规律，充分体现农村特点，"注意乡土味道，保留乡村风貌，留得住青山绿水，记得住乡愁"。菏泽市在推进黄河滩区群众脱贫迁建中，千方百计改善村民生产生活条件的同时，也特别注重传统文化的保护，为滩区群众留住"乡愁"。

（一）传统村落保护回应百姓关切

在漫长的农耕文明进程中，传统村落成为中华民族悠久历史的载体，如同一颗颗璀璨的明珠散落在山间水畔，铭刻了文化记忆，也寄托了浓厚乡愁。一般来说，人们对一个村落的印象，往往始于传统建筑和自然风貌，这些有形的物质载体是最直观的村落历史文化。进一步看，有形的构架还包含着相应的人文风情、历史智慧，比如宗祠、戏台等建筑，包含着开放的精神空间。此外，民居建筑也具有居住、商贸、交往、祭祀等多重功能，形式特色鲜明丰富。正是传统村落让我们在今天的语境中感受历史，在古今并置的时空界面里体会深层的文化意味。需要指出的是，建立在农耕渔猎基础上的传统村落，因地理环境、人居条件的差别，逐渐形成了不同地域、不同形态的村落格局，蕴含着独特的文化价值。当地群众通过生产生活，创造着有形或无形的文化形态，从浅表化的物象到深层次的文化符号，无不体现着个体、家庭、宗族甚至国家和民族的全部文化内涵。可以说，传统村落不但容纳人们安身立命，也在一定意义上成为中国传统人文理想最基本的文化依托。经过数千年的传承与创新，传统村落秉承着聚族群居和血缘延续的特质，赓续了悠长久远的历史文明，也孕育了伟大高尚的民族精神。

传统村落形态的审美价值，主要是指村落环境、结构、布局与村落房屋造型、装饰等方面的价值内涵。传统村落建筑的雕刻、绘画等，具有很高的艺术价值，使得传统村落成为一座座珍贵的民间艺术博物馆，给生活其间的居民与慕名而来的参观者带来强烈的艺术感染。随着城市化与经济全球化的快速发展，越来越多的人展现出强烈的怀乡情结。传统村落形态之美、个体与土地之间的亲近，都成为城市居民向往的生活状态。走进传统村落，成为离家别亲之人释放与缓解乡愁时自然而然的选择，已然成为调节精神生活与唤起情感记忆的家园。2019年9月16日，习近平总书记在河南省新县田铺乡田铺大塆村考察时指出，搞乡村振兴，不是说都大拆大建，而是要把这些别具风格的传统村落改造好。要实现生活设施便利化、现代化，能够洗上热水澡，村容村貌要整洁优美。传统村落的保护是留住"乡愁"的必要手段。通过对传统村落的保护，可以让当地老百姓得到实际的获得感、幸福感、安全感。村落文化中孕育着中华民族优良的传统、价值体系，与新时代社会主义核心价值观的理念相契合，潜移默化筑牢了文化自信的基石，为复兴乡村生活艺术，推动优秀传统文化的创造性转化、创新性发展，开辟了有效路径。

人民群众是传统村落文化的创造者、拥有者，更是文化的传承者、保护者，应该视为整体性保护的重要一环，要让当地群众感受到，他们是文化的主人。尊重他们，就是尊重文化；保护他们，就是保护文化。黄河滩区传统村落凝聚了黄河滩区人民的智慧，沉淀了优秀的黄河文化，传承了丰富的历史信息，具有重要的历史、科学、文化、艺术、教育、旅游等价值。保留少数黄河滩区传统村落，对黄河滩区文化的推介、传承、传播，将起到很好的载体作用。挖掘、整理黄河滩区传统村落文化遗产，让黄河滩区鲜为人知的民居文化、农耕文化、防洪文化等不可再生的历史文化得以延续并发扬光大，对黄河滩区下一步的发展意义重大。同时，保护滩区特色文化遗产，也是广大老百姓的殷切期盼。

菏泽市东明县焦园乡 72 岁的村民朱运起，在搬迁之初，就表现出了两难的选择。一方面，政府给建设的大村台、新房子，既能够解决水患威胁，又能住进现代化的新房子。但同时，朱运起对于自己一辈子居住的地方还是有些不舍。"住了一辈子，能没有感情吗？先不说这个房子是我亲手建的，不知道付出了多少血汗。就是这一条条路、一棵棵树，那都是有感情的。如果全拆掉复垦，以后就都看不到了。如果有条件，还是希望能留一点就留一点。"

为了让"望得见山、看得见水、记得住乡愁"的美好愿景成为现实，为了回应滩区老百姓的关切，菏泽市在推进黄河滩区群众脱贫迁建过程中，尤其注意保护传统文化资源。按照黄河滩区群众脱贫迁建的整体规划，搬迁后的原村落采取统一拆除复垦的方式，保证社区建设用地与耕地增减挂钩。由于传统村落农民居住较为分散，缺乏规划，且形制不规则，因此存在大量土地浪费现象。而迁建后的新建社区采取统一规划、集约利用的方式，土地资源得到科学利用，大大节省了土地占用面积。在此基础上，为了保护传统村落文化，留住一抹乡愁。菏泽市在每个村台社区附近的传统村落和外迁群众中选择一定村落采取半拆除和半保护的方式。对于一些具有特点明显、文化特色显著的村落，采取整体保护措施，为老百姓留住"乡愁"。

　　一位负责旧村落拆除复垦工作的基层干部说："黄河滩区历史以来受黄河水患影响，造就了老百姓筑台建房的特殊村落景观。这在全国其他地区是没有的，只有黄河滩区里面才能看到这样的住宅样式和村落格局。滩区群众迁建住进新建小区，当然显得干净整洁。但老的村子不能全拆了，拆掉容易，但再恢复就难了。如果全拆掉，以后到哪里去看这种高台村呢？再说，老百姓祖祖辈辈生活在这样的高台村子，一辈一辈地筑台建房，那些场面很多人还记忆深刻。很多人搬到新建的村台社区后，还经常到旧村子去看看，走走，这就是念想。我们要充分考虑老百姓的诉求，为老百姓留住这份念想。让老百姓一边住着新房，一边记住乡愁。尤其是为年轻人和后代子孙留下一份属于自己的精神财富。"

图2-18　菏泽市黄河滩区传统高台村落风貌

（二）滩区迁建纪念馆建设

在搬迁后，为了帮助群众留住乡愁，菏泽市还在鄄城县六合社区筹建了黄河滩区迁建纪念馆。用于展示黄河滩区群众应对水患的生动经历，以及老百姓在生产生活实践中积累形成的属于黄河滩区独特文化特征的影像、照片、实物等。菏泽市市委副书记、鄄城县县委书记张伦表示："黄河滩区脱贫迁建是百年大计，承载着中央和省市的重托，承载着滩区群众多年来的安居梦。建设黄河滩区迁建纪念馆，就是要铭记这一伟大历史变迁，意义重大，影响深远。黄河滩区迁建纪念馆的设计反映出党中央、国务院和省委市委对滩区人民的关心和厚爱，反映出黄河滩区群众生活的历史变迁。"

图 2-19　菏泽市黄河滩区迁建展览馆

图 2-20 滩区迁建展览馆展示的滩区老百姓旧式织布机

图 2-21 菏泽市鄄城县六合社区居民曾经在滩区用过的木船

第三章 绿色引领与特色发展：
科学谋划产业布局

产业兴旺，是解决农村问题的前提，也是乡村振兴的内在要求。要改变滩区面貌，改善群众生活，群众搬迁是第一步，产业发展才是关键点。搬得出且能致富是扶贫搬迁的主要挑战和根本目的，也是乡村振兴战略的重点。搬迁前的黄河滩区，产业结构单一，主要以传统农业为主，群众收入水平低，滩内外经济社会发展差距较大，与全面建设小康社会要求不相适应。乡村振兴战略从"生产发展"到"产业兴旺"，反映了乡村振兴适应市场需求变化、加快优化升级、促进产业融合的新要求。菏泽市利用滩区迁建重新规划农村社区和土地的契机，充分升级滩区产业发展格局，同时坚持绿色发展理念，实现了产业发展与生态保护的统一。

菏泽市在黄河滩区迁建前，科学谋划了滩区产业发展格局。在迁建社区群众"稳得住、能致富"方面，坚持产业为基，就业为本。依托菏泽市和滩区县、乡的资源禀赋和产业优势，大力发展特色产业，培育壮大主导产业，增强迁建区域经济发展后劲。同时，依托第二产业即加工制造业的快速发展，和一二三产业融合，在滩区创造更多的就业机会，拓宽群众增收渠道，增强迁建群众自我发展、脱贫致富的能力。

一、科学谋划，因地制宜：确定滩区产业发展格局

菏泽市黄河迁建滩区属于黄河滩区的一部分，山东省响应党中央和习近平总书记要求，制定了山东省省内黄河滩区产业发展的省级布局规划。2020年，山东省农业厅印发《山东省黄河滩区居民迁建农业专项方案》（以下简称"方案"），该方案体现了《山东省"十三五"脱贫攻坚规划》及《山东省黄河滩区居民迁建规划》的有关要求，并结合山东省黄河滩区农业产业发展的实际，对菏泽市黄河滩区产业发展格局的规划具有很强的指导性。《方案》强调要依托滩区现有产业基础和资源禀赋，打造农业优势及特色产业集群，提升滩区农业发展质量和效益，提高滩区

群众脱贫致富能力，打造千里黄河生态农业经济带。

（一）菏泽黄河滩区产业发展格局的外部定位

根据《方案》，山东将高效利用区域内优势资源，按照宜农则农、宜商则商、宜旅则旅的思路，构建"一带、三区"交叉布局的产业布局，把山东黄河滩区打造成为千里黄河绿色高效农业长廊。

"一带"：千里黄河生态农业经济带。主要是在山东境内黄河两岸堤防之间滩区大力发展绿色生态农业，加快与二三产业融合发展，与西部经济隆起带、省会城市群经济圈和黄河三角洲高效生态经济区交叉，对接中原经济区和环渤海经济区，打造新旧动能转换的重要增长极，形成具有区域特色的黄河生态农业经济带。

"三区"：从黄河进入山东境内到流入渤海的 628 公里区域内，坚持区域统筹、产业融合的理念，按照滩区面积集中、产业特色相近、生态环境趋同，从西南到东北划分三大产业集聚区，结合各区域资源特点，制定差异化产业发展目标，形成特色鲜明，功能互补的产业片区。

以菏泽黄河滩区为核心的黄河入鲁段优质农产品供给区。主要涉及菏泽市牡丹区、东明县、鄄城县，济宁市梁山县，泰安市东平县 5 个县（区）滩区。充分发挥该区域大田开阔宽满、耕地质量较高、沿黄水面富足、劳动力充裕等优势，突出地方产业特色，以集约化、规模化、设施化、标准化、园区化为生产方向，重点发展优质粮食、优质蔬菜、高效食用菌、特色水果、优质中药材、农产品加工等产业，打造绿色优质农产品供给区。

根据省级黄河滩区产业发展的规划格局，如何依据黄河滩区产业发展的独有优势，因地制宜地谋划菏泽本地的产业布局？

首先，菏泽市拥有独特的土地资源优势。黄河沿线宽阔平坦、土壤肥沃，土地资源十分丰富，总耕地面积达到 111.9 万亩，其中黄河滩区内耕地面积就有 40.5 万亩，按居住人口 14.7 万人计算，人均耕地面积达到 2.8 亩，远远高于全市平均水平。特别是随着黄河滩区居民迁建工程的实施，通过引导滩区群众由散居转向新社区集中居住，促进了土地资源的节约集约利用，滩区内将新增1.02万亩耕地，其中，东明县5300亩，鄄城县4800亩，且多为成方连片的优良耕地，非常适合经济作物集约化、规模化、专业化种植。

其次，黄河经过长期的保护、开发和建设，特别是随着小浪底调水调沙的实施，使黄河滩区的安全问题有了重要保障，为科学开发利用黄河滩区创造了必要条件。黄河滩区拥有丰富的湿地生态资源，是黄河下游重要的生态安全屏障。大面积的黄河滩地与绿化林带相得益彰，水利工程与自然景观相辅相成，造就了黄河滚滚、沙洲落日、飞鸟满天的独特景观带。

最后，黄河滩区还具有人力资源数量的优势。黄河滩区群众大部分从事农业生产，部分年轻劳动力外出打工。随着黄河滩区农业生产机械化水平的提高，第二产业和第三产业发展较慢，富余劳动力逐年增多。黄河滩区居民迁建工程完成后，当地居住环境将有巨大改善，吸引大量外出务工人员，带着知识、经验、技术回乡发展，这些优质的劳动力资源，为黄河滩区产业发展提供了可靠的保障。

牡丹区高庄镇的张孝礼，起初在宁波葡萄园打工，掌握全套葡萄种植技术后回乡组织成立了葡萄专业生产合作社，带动本村和周边村庄一大批农户，种植葡萄，目前规模已经达到3000亩，生产的巨峰等葡萄品种品质好、价位高，在市场上供不应求，亩均收益达2万元以上。

长期以来，受特殊自然地理条件和黄河防洪政策限制，滩区经济发展相对滞后，但正因为如此，黄河滩区产业发展面临的掣肘较少，发展潜力和空间十分巨大。而且，可以通过学习借鉴先进地区的成功经验，吸取教训，警惕发展过程中面临的风险，避免或少走弯路，采取更为优化的发展路径，缩短发展周期。

（二）菏泽黄河滩区产业发展格局的内部谋划

针对滩区产业发展，菏泽市专门成立了"黄河滩区脱贫迁建农业产业扶持工作领导小组"，加强对黄河滩区脱贫迁建农业产业扶持工作的组织领导。各滩区县区因地制宜制定本地区黄河滩区脱贫迁建农业产业扶持规划或方案，并将目标任务细化落实到有关滩区乡镇，提出具体要求。

结合省《黄河滩区居民迁建专项方案》，菏泽市制定了市《黄河滩区居民迁建专项方案》，坚持安居与乐业并重、迁建与产业发展同步。充分利用自然生态禀赋和 40 万亩肥沃土地，借助村庄整合搬迁，积极申报国家级农村一二三产业融合发展先导区，高标准规划建设高效农业生态旅游示范园区。发展特色现代农业，积极引入休闲农业、观光农业等新模式，着力培育一批优质农产品种植养殖基地、观赏基地。依托黄河国家湿地公园、高村黄河文化苑、庄子文化湿地园等自然人文景观，充分挖掘利用黄河文化资源，规划建设黄河文化博物馆、黄河文化传统村落、黄河文化生态旅游长廊等，努力将黄河滩区打造成为具有浓厚黄河风情、休闲观光于一体的"生态宝地""旅游胜地""宜居福地"。

依托菏泽市境内黄河大堤建设黄河生态农业经济带，以东明县、鄄城县为核心建设优质粮食生产供给区，以鄄城县、东明县为核心建设特色产业示范区，高效利用区域内优势资源，按照宜农则农、宜旅则旅的思路，构建"一带、两区、六大产业"的产业布局，把菏泽市黄河滩区打造成为黄河绿色高效农业长廊。

"一带"：千里黄河生态农业经济带。主要是依托菏泽市境内堤防之间滩区大力发展绿色生态农业，加快与二三产业融合发展，打造新旧动能转换的重要增长极，形成具有区域特色的黄河农业生态经济带。

"两区"：坚持区域统筹、产业融合理念，按照滩区面积集中、产业特色相近、生态环境趋同，在菏泽市境内黄河滩区发展二大产业聚集区，即以鄄城县、东明县为核心的优质粮食生产供给区，和以牡丹区、鄄城县、东明县为核心的特色农业示范区。

"六大产业"：按照山东省总体实施方案要求，把菏泽市黄河滩区重点打造成优质农产品供给区。突出地方产业特色，以集约化、规模化、设施化、标准化、园区化为生产方向，重点发展优质粮食、蔬菜、食用菌、中药材、水果、休闲农业与乡村旅游产业。

二、全面覆盖：打造滩区一乡一业、一村一品特色

2013年，习近平总书记在菏泽视察期间，对菏泽市的农业发展提出殷切期望，指出"菏泽的农业优势不能丢，要继续巩固加强"。立足于菏泽实际，菏泽市先后制定推出了《关于加快推进"一村一品"发展的意见》和《菏泽市"一乡一业一村一品"发展规划》，明确了菏泽市农业产业发展的重点。其中，一乡一业、一村一品的农业产业发展目标和规划，更是发挥菏泽市农业优势，发展现代农业，推动农业由大变强的关键抓手。既是实施脱贫攻坚的重要举措，也是保障滩区迁建后群众"乐业"的重要手段。

（一）"一村一品"：安居更要乐业

"一村一品"，就是在一定区域范围内，以村为基本单位，按照市场需求，充分发挥本地资源优势，通过大力推进规模化、标准化、品牌化和市场化建设，使一个村（或几个村）拥有一个（或几个）市场潜力大、区域特色明显、附加值高的主导产品和产业。

菏泽市在黄河滩区脱贫迁建过程中，紧紧围绕省委、省政府提出的"一村一品、一台一韵"要求，引导、帮助群众发展产业。鄄城县在实施黄河滩区脱贫迁建工程中立足当前、着眼长远，依托当地资源禀赋和产业优势，统筹谋划产业发展与滩区迁建，大力实施安置社区和产业园区"两区同建"，增强迁建区域经济发展后劲。推动居民安置、产业培育同步产业发展是保障滩区群众"搬得出、稳得住、能致富"的关键。

安居与乐业并重、搬迁与脱贫同步，鄄城县立足滩区可持续发展，编制了《鄄城黄河滩区现代农业产业发展总体规划》，坚持巩固优势、绿

色精品发展理念，培育新型规模经营主体，打造黄河滩区品牌。

菏泽鄄城县积极挖掘整合县域传统产业优势资源，大力发展以蔬菜、林果、中药材、畜牧养殖等"一村一品"特色产业。县政府牵头协调，出台了资金扶持、信贷投放、科技服务、产业保护等一系列优惠政策。县农行、农商行坚持把支农贷款优先向种养专业村倾斜，县农业、财政等部门将涉农资金优先安排，扶持特色经济专业村。如鄄城县董口镇周场村，村两委积极引导群众发展中药材，大力种植金银花、菊花、黄芪、丹参等中药材品种，成了远近闻名的中药材专业村。全村现已发展中药材 500 余亩，仅此一项全村人均年可增收 800 余元。周场村中药材种植是鄄城县大力发展"一村一品"，激活农村特色产业的一个缩影。

对于鄄城县董口镇黄河滩区的产业发展，副镇长夏国东说："镇政府正计划高效利用区域内优势资源，按照宜农则农、宜旅则旅的思路，规划黄河滩区产业布局，把黄河滩区打造成黄河绿色高效农业长廊；根据功能区划分原则与滩区资源禀赋，结合董口镇黄河滩区迁建实际情况和'一村一品'示范基地建设，打造'一廊、二基地、三区'的产业布局。"

东明县于 2014 年至 2018 年在黄河滩区投入产业扶贫资金 10755.5 万元，项目涉及冬暖式温室蔬菜大棚、光伏发电、畜禽养殖、水产养殖、中药材种植、食用菌种植、服装加工等多个类型；鄄城县三年来累计投入资金 5651.8 万元，实施扶贫产业项目 122 个，类型为种植、养殖、光伏、旅游等，实现收益 533.83 万元，覆盖贫困人口 28352 人。

焦园乡甘堂村 1500 亩优质葡萄基地，长兴集乡以找营等 23 个村为代表的食用菌生产基地，成方连片，种植面积达到 4000 多亩，初步形成了"一村一品、一乡一业"的发展格局。

东明县焦园乡则聚焦黄河滩区生态优势资源，发展绿色种植养殖、乡村旅游、农村电商等特色产业，在一二三产业融合上做文章，打造了美丽乡村示范点，昔日的"黄河滩"变成美丽的"花果园"。迁建群众的生活因为"一村一品"的产业发展而"富"，也因"一台一韵"的乡村建设而"美"。

牡丹区郝寨行政村，三年累计投入 85 万元扶贫资金用来发展日光式大棚，发展势头强劲，发挥了很强的带贫效益。单是 2016 年就投入 30 万元建设日光式大棚 3 座，贫困户收益 9648.33 元，受益贫困户 41 户 51 人。

（二）产业品牌打造的滩区经验

菏泽市黄河滩区作为黄河生态长廊的重要生态功能段，在农业品牌打造和提升上享有诸多便利和优势。滩区农业产业在发展过程中，突出了滩区绿色生态的资源环境优势，围绕粮食、蔬菜、果品等产业，着力培育发展特色优势农产品基地，培育一批区域特色明显、市场知名度高、发展潜力大、带动能力强的黄河滩区农产品品牌，做响了"黄河滩"农产品区域品牌，比如，滩区特色"富硒西瓜"等代表性产业品牌。在黄河滩区共有品牌发展策略上，菏泽市迁建滩区构建了"有骨干龙头产业、有龙头生产基地、有知名产品品牌、有质量追溯体系、有充分市场认可度"的"五有"产品品牌体系。有了滩区共有绿色品牌加持坐镇，滩区整体"一村一品"发展就有了基础和资源。

在"一村一品"发展过程中，如何让品牌质量过硬，经得起市场检验，让市场信赖？针对此问题，菏泽市开展了农业产业标准化生产和"三品一标"认证，加强绿色食品、有机食品、无公害农产品认证。结合农产品质量安全县创建，在黄河滩区全覆盖开展农产品质量安全追溯体系建设。同时，加快推行标准化生产，推广"合作社 + 基地 + 农户"模式，将农业标准化示范区、农业科技推广示范区与"三品一标"认证紧密结合，打造黄河滩区名优农产品。

最后，滩区特色产业品牌建立后，注重强化品牌形象宣传推介。滩区各县区积极做好滩区农产品品牌信息发布和消费索引，借助展会、网络、电台、电视台、报纸等各种媒体和渠道，宣传、推介、展示滩区农产品品牌。扶贫现场直播带货、宣传品牌等创新的品牌宣传方式不断涌现，"一乡一业、一村一品"不断向高质量发展。

图 3-1　生态产业园中的农作物长势喜人

（三）产业走出去：多产融合的发展路径

一是开展农产品电子商务培训。积极利用农民手机应用技能培训、新型职业农民培育等现有培训项目，依托相关高等院校的师资力量，面向滩区的农业企业、农民合作社、家庭农场,开展农产品电子商务培训,着力提高其农产品电商的实际应用能力,培育一批懂业务、会操作、能带头脱贫致富的实用型农产品电商人才。

二是推动线上线下融合发展。推进农业大数据、物联网、云计算、移动互联网等新一代信息技术应用,建立信息发布机制。鼓励新型农业经营主体与城市快递网点和社区直接对接,开展生鲜农产品"基地 + 社区直供"电子商务业务。鼓励农副产品生产加工企业与阿里巴巴、京东、苏宁云商等第三方电子商务平台建立购销渠道,扩大网上销售。

三是加快推进产业融合。以市场需求为导向,以完善利益联结机制为核心,以推进农业供给侧结构性改革为主线,在"种养加""贸工农""产加销"一体化的基础上,积极培育新产业、新业态、新动能,推动产业链相加、价值链相乘、供应链相通,实现"三链重构",着力打造一二三产业跨界融合的终端型、体验型、智慧型、循环型等"新业态"。

图 3-2 菏泽牡丹种植产业独具特色

三、绿色发展：对接乡村振兴发展要求

"绿水青山就是金山银山"，习近平总书记的论述实质上指明了地方在乡村振兴战略阶段处理生态保护与产业发展关系的根本要求。2018 年 5 月，习近平总书记在全国生态环境保护大会上强调，要加快构建以产业生态化和生态产业化为主体的生态经济体系。

生态保护理念，不但贯穿菏泽市黄河滩区迁建的全过程，更是产业发展、对接乡村战略的重要指导原则。促进黄河滩区脱贫迁建产业发展，促进农民增收致富，着力在基础设施改造、深化农村改革、推动绿色发展方面做文章，贯彻了绿色发展理念，打造了黄河滩区绿色发展、生态保护的菏泽样本。

（一）生态保护从农业高质量发展开始

作为农业大市，菏泽市在黄河滩区迁建中对农业高质量发展无比重视。第一，在迁建县镇对农田基础设施进行提升改造。菏泽市更新了滩区老化的机电设备，进一步农田灌溉体系，不但提高了灌溉水利用率，更保护了水资源。在土地方面，滩区政府通过平整土地，建设桥涵闸，让农田相连、沟渠相接、道路相通，建设了一批旱期有水、涝期能排的高质量农田。

第二，在提高耕地质量上做文章。政府主要通过科技下乡、规范指导、增加投入补贴等方式，保证耕作中深耕深松、秸秆还田、增施有机肥料，提高土壤的有机物含量，保证土地质量，避免秸秆燃烧等带来的空气污染。在农业生产的各个环节，发展农业机械，提高机械作业水平和使用率。在土地流转和规模经营发展趋势引领下，把土地优势高效率转化为滩区经济优势。

（二）农业制度机制改革：为绿色产业发展奠基

第一是土地流转方面。菏泽市黄河滩区政府引导滩区农户，采取多样化方式流转土地经营权，以规模化农业生产保护生态资源，提高资源利用率和经济效益。主要方式包括支持滩区农民以自己的土地经营权入股发展土地股份合作社，采取统一经营或者社会资本发展特色产业等方式，增加农户财产性收入，同时在农业产业层面凸显生态效益。

第二是农村集体产权制度方面。菏泽市大力支持有能力的滩区迁建村，分类推进集体产权制度改革。主要方式包括将集体经营性资产和其他可以纳入改革范围的资产，折算成股份入股集体，赋予农民在集体资产股份中的占有权和收益权。一部分有能力的村集体，可以承担农业财政项目，项目财政收入、税费减免等形成的资产、收益归集体所有，可折股量化为农民的股份。

第三，在滩区迁建过程中，积极利用各方资源，培育各种形式的社会服务组织，为滩区的产业发展提供多样化服务。突出服务的低成本、便利化、系统化优势，聚焦于滩区农业生产服务和产业发展服务需求。其中，直接涉及农业生产的各种社会组织，针对滩区的老弱病残、鳏寡孤独等群众，采取土地托管、代耕代种等方式开展农业生产的托管服务，共同分享土地规模经营收入。

（三）绿色引领发展：循环农业打造的可持续发展能力

一是大力发展生态循环农业。支持滩区建设生态循环农业示范基地，通过集成推广农业清洁生产、资源循环利用、废弃物无害化处理技术，促进基地内乃至周围区域农业生产废弃物生态消纳、循环利用、农牧结合互动，产业融合发展，改善农业生产环境，打造生态循环农业示范样板。积极开展生态循环农业示范园区、示范基地创建活动，探索建立农业废弃物无害化处理、资源化利用和农业标准化生产服务体系，形成区域中循环、基地小循环的生态循环格局。

二是积极开展农业面源污染防治。围绕"一控两减三基本"目标，支持在黄河滩区全面推广应用测土配方施肥技术，鼓励使用有机肥、配方肥、缓释肥、生物肥料、沼液、沼渣。积极推广应用高效、低毒、低残留农药，推行农作物病虫害绿色防治技术，推进专业化统防统治，减少化学农药使用量。大力推广使用 0.01 毫米以上标准地膜，开展废旧地膜回收利用，推广可控降解地膜栽培技术，实现地膜栽培的清洁生产，消除"白色污染"。到 2020 年，滩区内测土配方施肥覆盖率达到 90%，绿色防控覆盖率达到 30%。

三是积极推进农业废弃物资源化利用。围绕黄河滩区改善农业农村环境、提供清洁能源和有机肥料，大力推广"果—沼—畜""菜—沼—畜"循环农业模式。以秸秆肥料化、饲料化、燃料化、基料化利用为重点，大力推广应用秸秆精细还田、秸秆青贮、秸秆气化、秸秆养殖食用菌等技术，配套建设秸秆收贮体系。到 2020 年，滩区秸秆综合利用率达到 92% 以上。

高质量农业、循环农业和农业体制机制改革推进过程中，生态保护、绿色发展的理念始终贯穿，为滩区群众脱贫致富奠定了良好的基础，也明确了滩区产业发展的基本方向。菏泽市滩区迁建过程中坚持的新发展理念，为滩区生态保护提供了保障，避免各类产业发展带来的环境和生态风险，从而实现地方经济社会发展与生态保护相统一，是习近平总书记"绿水青山就是金山银山"论述的生动体现。

第四章 就业培训与扶贫保障：
千方百计保民生

黄河滩区脱贫迁建是党交给菏泽市的重大政治任务，对菏泽脱贫攻坚、全面建成小康社会具有重要战略意义。在全面建成小康社会的道路上，绝不能让滩区群众掉队。菏泽市通过外迁安置、筑堤保护、村台改造等方式，破解滩区群众的百年安居难题。

滩区迁建，既要让群众"挪穷窝"，又要"拔穷根"，迁建完成后紧接着面临的问题就是民生问题。菏泽市在滩区迁建过程中，把解决群众的生计问题放在重要位置，给滩区迁建群众稳稳的家，就业培训、开办发展车间、转移就业、兴办产业、兜底保障多管齐下，确保迁建群众"稳得住"，民生保障得好，群众安居乐业，滩区脱贫迁建才真正地成功。

一、技能培训＋干中学：稳步提升劳动力素质

菏泽市拥有大量人口，2014年菏泽市就拥有734.59万农业人口，但人口参与劳动生产的比例和高素质劳动力比例不高，真正从事农业生产的人口有409.41万，其中绝大多数部门没有专业劳动技能，学历水平不高。长久以来，菏泽农业大而不强，传统农业仍占主导地位，农业产业发展提质增效的任务很重。由于传统农业生产部门吸纳了大量劳动力，在经济社会发展、农业现代化和产业结构转型升级的历史进程中，农业部门又将释放大量闲置、半闲置劳动力，如何提升他们的劳动力素质，促进这部分群体的就业，成为地方经济社会发展的重要问题。

在各地脱贫攻坚和地方经济社会发展实践中，农业人口的非农就业一般是两条路径，一是本地就业，二是异地转移就业，或者说"进城务工"。后者是我国农民实现非农就业的主要方式，但是对于滩区迁建群众来说，易地转移就业面临两个固有问题：首先是由于地方经济社会水平长期欠发展，相当一部分群众不具备转移就业的条件，如文化程度低、缺乏技能。其次是相当一部分群众必须兼顾农业生产与照顾家庭，外出

务工难以实现。

以鄄城县为例，根据最新人口普查的结果，鄄城县 50—60 岁的，有 10.7 万人；61—70 岁的，有 7.8 万人；71—80 岁的，有 4.6 万人。也就是说，全县 50—80 岁的，总共有 23.1 万人，这部分人基本上都很难外出打工。另外，目前全县已有孩子的育龄妇女有 16.1 万人，这部分人中，不少需要在家照顾孩子，不能外出打工。这样算下来，全县农村不能外出的人口，应该在 20 万人以上。这 20 多万人当中的贫困人口，既有一定劳动能力又有比较强烈就业愿望的占到 65% 左右，除每年有一个月左右的时间用于农忙外，其余时间基本上处于空闲状态。对这部分群众来说，在本地提供就业机会，实现群众就近就地就业是最理性的选择，也是菏泽市在脱贫攻坚过程中探索出的一条可行路径。不论是易地转移还是就近就地就业，提升劳动力素质，提高群众劳动力技能水平都是实现稳定就业的前提条件。

菏泽市黄河滩区迁建的过程中，既有就业扶贫的一般性特征，又具有其特殊性，即滩区迁建涉及大量的群众易地搬迁，他们面临从农业生产中心向非农就业中心转变，重新找到生计的紧迫现实问题。针对此问题，菏泽市黄河滩区迁建过程中，把劳动力的就业培训和劳动力素质提升当作重要工作。只有群众掌握了就业、创业的知识、技能，才能实现滩区生活"稳得住、能致富"。

为了让滩区群众都能有一技之长，滩区迁建完成后，政府采取了两条路径：一是以人社部门为中心的就业创业技能培训，二是通过扶贫车间、创业车间的建设、发展，吸收劳动力就业，让群众在车间中边干边学，最终习得一技之长，成为熟练工人。

（一）发挥政府资源优势，以技能培训提升人力资本

正规的职业技能培训可以充分发挥人社、教育、农业、民政、扶贫等部门的优势，也更有针对性，菏泽市针对滩区青年和新生劳动力开展了大量的职业教育和技能培训，针对迁建后的群众开展了农业生产实用

技术培训。为了使培训能够更加有的放矢，菏泽市不断创新培训的体制机制，比如产教融合培训、校企合作，还有订单式培训、定向培训、定岗职业技能培训等。例如鄄城县与职业中等专业学校合作开展的"黄河滩区"迁建创业培训等特色培训活动。通过这些体系化的、创新性的培训方式，滩区劳动力的就业能力得到大幅提升。

经验证明，凡工人培训到位的车间，一般订单稳定，质量有保证，工资水平高，工人干劲饱满，公司和扶贫车间合作关系稳固。所以，菏泽市在黄河滩区迁建过程中，结合发展车间的建设，推行了"短平快"职业技能培训，加强人社、环保、扶贫等部门与有关入驻车间企业衔接协商，围绕扶贫车间的技能培训需求，以集中培训与订单培训相结合的方式，对具有劳动能力并有培训意愿的农村贫困人口实行免费培训项目清单制度，组织开展"技能培训车间课堂""培训大篷车下乡"等专项活动。

地处黄河滩区的鄄城县采取了"送技能到人"的措施，整合鄄城县人社、扶贫、教育等部门的培训资源，举办户外家具、发制品加工、服装加工、电子配件等免费培训班，对有能力的贫困群众进行技能培训。如鄄城县左营镇，在左南安置区便民服务中心打造的300平方米农民职业技能培训中心，承载建档立卡贫困户和农村剩余劳动力的技能培训任务。通过举办多次技能培训班，参加培训班的群众济济一堂，学习热情非常高涨，尤其是涉及农业生产、种养殖技术的培训班，最受群众欢迎。

鄄城县李进士堂镇通过农民职业技能培训、"一帮一带"等途径，把培训班办到滩区迁建的新村广场，由专家采取"一对一"的方式，开展果蔬种植管护、畜禽养殖等技术培训，将传统农民培养成为种植高手、养殖能人及各种能工巧匠，目前已培训搬迁群众就业1000人次，实现人均月收入2500元。

参加了技能培训班并获得证书的李进士堂镇农民张善发，本以为自己40岁的年纪，难以找到理想的工作了，而种地的收益较低，经常为自己和家庭的生计发愁。2020年8月，他在村干部的动员下抱着试试的态度参加了发制品工艺培训，并获得了证书。学到了技术的张善发很快找到了本地的发展车间的工作，月收入达到了 3000 元。

"没想到政府给培训，不但不要钱还给发补贴。学了技术还帮忙推荐工作。现在我这工作也稳定了，家里以后就不用愁了，算是有盼头了。"张善发开心地说道。

像张善发这样的滩区迁建群众还很多，政府把技能培训送到家门口，技能培训的内容针对本地的就业需求，尤其是现代规模农业的用工需求和发展车间用工需求。对于有意愿参加技能培训的群众，政府还给予补贴，获得培训证书的群众，政府还会联系推荐合适的工作。

图 4-1　劳动技能培训班中群众认真上课

（二）发展车间里练本领，边干边学成熟练工人

边干边学，是从事劳动、生产的人在具体的劳动过程中获得知识、

技能的过程，不同于专门化的知识学习过程，边干边学具有劳动就业与职业技能同步提高的特征，是知识技能的外部积累过程。相比正式技能培训，边干边学的劳动力技能提升方式则是非正式的，也更灵活方便。

扶贫车间是菏泽市在探索劳动力本地就业路径中的创举，随着时间推进，扶贫车间正逐步向发展车间转变。滩区迁建完成后，每个迁建社区都建设了至少一个车间，招收迁建社区劳动力就业。由于车间的岗位对技术要求不高，上岗就业的群众只需要简单的培训、学习即可胜任，边干边学，技能越来越熟练，而成为熟练工人，又进一步提升了他们工作的稳定性和收入水平。可以说，菏泽市滩区群众从种地农民转变成为车间工人或半工半农，这些在菏泽市遍地开花的发展车间功不可没，不但提供了就业岗位、创业机会，更大大提升了滩区群众的劳动力素质。

多数扶贫车间，从项目落地到稳定生产，都要经过一个瓶颈期，一是工人学不会厌工，二是工人嫌钱少弃工。很多贫困人员有肢体上、智力上、心理上的先天不足，他们在工作之初，往往自信心不够，操作起来笨手笨脚，干活慢，工作质量差，给老板造成损失，个人也不划算，厌工弃工现象时有发生。

菏泽市指导县乡及时聘请了专业人员，对部分工人手把手地教，面对面地谈心，鼓励他们坚持下去，尽快成为熟练工。这个周期一般需要三个月，一旦突破这个瓶颈，贫困工人会把到车间干活当成一种生活方式，把扶贫车间当成家，格外爱护，感觉活得也非常体面。

东明县的纪秀兰，是建档立卡贫困户，儿子是残疾人，本来家里只有丈夫一个人赚钱，家里经济十分紧张。文化程度不高的她，本来对自己找到工作不抱希望。后来附近发展车间建起来了，开业招工时，她报了名，进入这间制鞋车间，一开始就有人手把手地教，工作不算复杂，纪秀兰掌握得很快，现在已经成为车间的熟练工人，每月能拿到两千多元，并且工资一直在增加，极大地缓解了家里的经济压力。技术越来越熟练，每月工资稳中有升，"学一项技能，找一份工作"成为滩区迁建解决民生问题的重要手段。

二、就业是民生之本：就近就业与转移就业相结合

就业扶贫是帮助滩区迁建群众实现"搬得出、稳得住、好就业、能致富"的重要举措，关系到脱贫攻坚成果巩固，关系到搬迁社区经济健康发展、社会和谐稳定，关系到搬迁群众就业增收和创业致富。菏泽市把就业当成滩区脱贫迁建后的首要工作，通过本地就业＋转移就业两条主线，保障迁建群众民生问题。

（一）发展车间：打造本地就业平台

在本地就业问题上，首先是在迁建社区建设扶贫车间或创业车间。习近平总书记指出，增加就业是最有效最直接的脱贫方式。菏泽市创建扶贫车间，解决了贫困群众就地就近就业问题，成为中央政治局第39次集体学习参阅的精准扶贫案例，也是黄河滩区迁建后解决就业、民生问题的重要途径。

黄河滩区迁建的每个社区都按照人口规模，配备建设了扶贫车间或创业车间，引进发制品、针织服装加工、制鞋、电子制造等劳动密集型产业。鄄城县李进士堂镇左南社区建设了2处人发加工产业和制鞋企业，付庄社区的东盛瑞磁电子制造企业，胡楼社区的服饰加工企业都运行良好。李进士堂镇三个新建社区扶贫车间吸引搬迁群众就业800人次，人均月收入2000元。

旧城镇北李庄社区是黄河滩区迁建中的居民外迁项目，68岁的仪云芝和老伴是该社区的建档立卡贫困户，搬迁之前靠着滩区两亩地的收入生活。老两口一直担心，怕搬入新居就没了收入来源，没办法生活。2019年10月，社区的扶贫车间正式开工运营，仪云芝成了包装车间的一名工人。她很快就适应了工作，成了熟练工，每月收入至少2000元。

"现在上班走几分钟就能到，收入比种地高多了，不但够给老伴买药，还能攒下一些钱。既不耽误照顾家人，还有稳定收入，比以前生活好多了。"仪云芝说。

工作送到家门口，满足了滩区群众"挣钱顾家两不误"的需求，也有效增强了贫困人口的自我发展能力，避免边脱贫边返贫现象。

山东省菏泽市鄄城县在实施黄河滩区脱贫迁建工程的过程中，积极探索"滩区搬迁、产业先行"模式，在已建成入住的 5 个安置区建起电子厂、服装厂等扶贫工厂，吸收 500 多人就业。

图 4-2　迁建社区扶贫发展车间

鄄城县李进士堂镇结合当前精准扶贫工作，为搬迁群众谋取就业门路，解决脱贫问题，让他们搬迁无后顾之忧。目前迁建一期、二期新村已分别建设了扶贫就业车间，群众搬迁入住后，可充分利用周边就业车间，发展服装、藤编、人发加工等产业，积极吸纳贫困群众就业。老村复垦后，通过土地流转、招商引资，发展高效农业，开发黄河沿线观光旅游，解决群众生产生活后顾之忧，让滩区群众真正能够实现"搬得出、稳得住、能发展、可致富"。

图 4-3　凤凰素锦女装厂车间内工人正在做工

郓城县董口镇代堂行政村石寨村村民张巧，54 岁，由于丈夫常年生病无法正常劳作，生活十分贫困。孩子在外上学的巨额费用更是使这个家庭雪上加霜，张巧只能靠借款维持生活，后经别人介绍张巧到扶贫车间工作，并对其进行技术培训。经过培训以后，张巧学会了包装、缠管等更多的发制品加工工序，可以做更多种类零活，收入也有所增加，每天收入可达二十几元。张巧还清了债务，并且有了自己的存款，现已摆脱贫困，过上了自己的幸福生活，她的脸上又有了久违的笑容。

今年 46 岁的孙想格，之前是箕山村的贫困户，因自幼残疾，又没有一技之长，只能在家照看孩子，养家的重担全都落在了丈夫一人身上。精准扶贫政策实施以来，孙想格被介绍到村里的扶贫车间工作。"有了这份工资，家里的日子好过多了。"孙想格高兴地说。2018 年底，她通过自己的双手彻底摆脱了贫困。

图 4-4 李进士堂假发生产发展车间

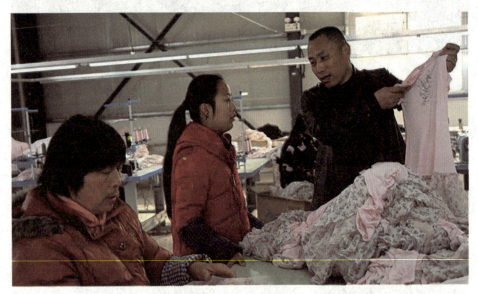

图 4-5 胡楼安置区扶贫服装厂创办人杜善江给工人讲解服装质量标准

（二）农业规模化经营：农业就业吸纳机制

　　非农就业是菏泽市滩区迁建保障民生、促进就业的重要路径。但菏泽市作为农业大市，具有深厚的农业基础和大量的农业人口，在农业现代化转型发展的背景下，发展农业规模化经营，吸纳劳动力人口从单打独斗的小农生产进入规模化农业生产是大势所趋。

实现农业规模化经营，面临诸多制度和体制的挑战，如何适应规模化农业的要求是摆在菏泽市滩区迁建基层政府面前的关键问题。只有解决规模化农业经营问题，才能吸纳劳动力，保障农民收入，在滩区迁建村安居乐业。

针对这个关键问题，菏泽市从三个关键问题入手：一是积极推动土地流转。引导滩区农户采取多种方式依法自愿有偿流转土地经营权，支持滩区农户以土地经营权入股发展土地股份合作社，采取统一经营或引入社会资本发展特色产业等方式，增加滩区农户的财产性收入。二是加快集体产权制度改革。支持有条件的滩区迁建村，分类推进集体产权制度改革。三是培育社会化服务组织。发展多种形式的社会化服务组织，为滩区农户提供低成本、便利化、全方位服务，推进农业生产服务的社会化、合作化、专业化。支持农机等各类社会化服务组织，采取土地托管、代耕代种和联耕联种等不同模式，为滩区老弱病残贫困户开展农业生产托管服务，共同分享土地规模经营收益。

解决了土地流转和体制机制问题，菏泽市黄河迁建滩区的规模化农业发展势头迅猛。鄄城县李进士堂镇通过土地流转，充分盘活流转土地，种植山药 2000 亩、西瓜 4600 亩、毛豆 4000 亩、高产大豆 8000 亩，建设 100 亩有机奶油草莓园，65 个大棚，优先雇用搬迁群众。"村民每年不仅有土地租金，还能进园干活，挣两份工资。"

鄄城县旧城镇围绕三合村村台产业区，与新疆一知汇禾公司签订了 2 万亩协议，打造中国有机中药材种植基地，也将吸纳搬迁群众流转土地后进行二次就业。

同样位于黄河滩区的菏泽市东明县长兴集乡，大规模发展虎杖种植产业，长兴集乡万亩虎杖园基地内，郁郁葱葱的虎杖长势喜人。

"预计到 2020 年底将带动当地农户发展虎杖种植到几万亩，农户不仅年年有土地流转租金，还能到基地打工挣钱。"王文全说，"现在每天打工者有二三百人都是附近滩区的村民，最多的时候每天能达到 500 多人，每人每天的收入是 100 元到 120 元。"

（三）做好服务，千方百计帮助群众转移务工

对于滩区迁建群众来说，外出务工依然是重要的收入来源。菏泽市拥有大量的农业人口，在农业部门承载人口量逐步下降的当下，转移务工仍然是农民非农就业的主要路径。黄河滩区迁建的过程中，除了增加本地就业机会，地方政府也将提供外出转移就业公共服务作为工作重点，积极开展专场招聘会、联系企业用工信息等，服务群众外出就业需求。疫情过后的复工复产期间，菏泽市更是着力为群众提供相关服务，千方百计地保障滩区群众生计。

在外出转移就业方面，滩区积极做好劳务输出服务，帮助群众外出务工。提供县内外企业的就业信息，开展了滩区迁建群众专场招聘会。李进士堂镇积极与镇联系的鼎泰、康美等县内企业对接，优先使用滩区搬迁群众，同时提供县外企业就业信息，帮助寻找合适的就业门路。目前累计帮助搬迁群众外出务工 3000 人次，人均月收入 3000 元。

2019 年开始至今，东明县、鄄城县、牡丹区围绕"乐业迁建"主题，开展了数场黄河滩区就业扶贫专场招聘会。

东明县专场招聘会结合滩区实际需求，定向邀请 40 多家企业参加，主要邀请东明县内知名企业，提供就业岗位 3500 多个，涉及化工、服装、养殖、食品加工、销售等多个行业工种。参与竞聘人数达 2206 人，达成就业意向 516 人。鄄城县专场招聘会则共有 30 余家用工单位和扶贫车间参加，涵盖了食品加工、服装缝纫、电子产品、人发加工和医疗服务等十余类。

招聘会上，众多的求职者手持自己精心准备好的自荐书和简历，驻足查看岗位情况，并向工作人员进行咨询。

刚刚从化工专业毕业的巩帅飞，顺利与菏泽鑫磊精细化工有限公司达成了求职意向。求职者巩帅飞说："在家门口就能应聘，而且我已经找

到适合自己的工作了。"

2020年的疫情，让滩区群众的就业受到影响，旧城镇政府工作人员挨家登记，收集村民外出务工意愿、意向，协调医院进行医疗检测，并出具健康证，务工地有关方面及企业共享互认，为村民出行提供方便。此外，还对外出务工人员进行培训，提高他们在工作中自我防护的意识，全力为有意愿外出务工的村民"保驾护航"。

"我年后准备到南京打工，结果被疫情耽搁了。"三合村村民陈景国说。旧城镇政府了解情况后，安排他到三合村村台建设工地工作，还是干着原来的活，工资却没少拿。"我在村台工地上打工，每天能挣近200元，不比外出打工挣得少。"对于现在的工作，陈景国很是满意。

图4-6　菏泽市牡丹区黄河滩区"乐业迁建"专场招聘会现场

三、兜底保障：完善困难群体带贫机制

2013 年，习近平总书记在视察菏泽市时指出，要"编织一张兜住困难群众基本生活的安全网，坚决守住底线"。对于滩区家庭缺乏劳动力的群众，无法通过就业来保障他们的生计问题。菏泽市从利益联结、兜底保障、公共服务等方面入手，构建一张社会保障和社会救助的大网，将困难群众牢牢托起。

"菏泽市黄河滩区迁建承载着习近平总书记和党中央的重托，寄托着滩区群众的'安居梦''致富梦'，绝不能让滩区群众在全面建成小康社会进程中掉队。"菏泽市黄河迁建滩区的干部说道。菏泽市坚持开发式扶贫与保障性扶贫相结合，确保小康路上一个不掉队。聚焦"老弱病残幼""鳏寡孤独痴"等特困群体，菏泽市探索构筑起党政尽职、社会尽心、市场尽能、邻里尽情、子女尽孝和个人尽量的"六尽"互动互补的综合保障体系，并构建起长效机制，即以政府为主体，市场、社会力量等多元力量共同努力，保障困难群众生活。

在保障困难群众生活方面，菏泽市迁建滩区基层政府秉持共享发展的理念，针对性地在滩区群众较为关心的教育、医疗、社会保障和社会救助等方面入手，织牢加密民生保障网，提高基本公共服务均等化水平，让滩区群众共享发展成果，实现安居乐业。

长期以来，黄河滩区经济发展滞后，群众生产生活条件恶劣，特别是受洪水威胁，住房安全长期得不到保障，因房致贫、因房返贫现象尤为突出。而黄河滩区迁建工程让群众实现了安居梦，告别了因房致贫返贫的过去。如今，鄄城县迁建村——三合村村台道路平整，一排排的房子整齐排列，公共配套设施一应俱全。

这得益于当地政府严把材料采购关，严把建设过程关，严把工程验收关。同时，在为滩区群众实现安居梦的同时，也为滩区群众的致富梦做了打算——不仅要帮助滩区群众搬得出，还要让滩区群众稳得住、能致富。所有建设的村台都配备了标准卫生室、幼儿园、完全小学、供电所、服务中心、创业车间等设施，让老百姓不仅住上好房子，还能享受全面、优质的社会服务，确保把这项工程打造成"百年工程""民心工程"。

在鄄城县旧城镇北葛楼村，提起将要搬迁的新居，站在老屋前的杨继才笑得合不拢嘴。杨继才今年76岁，和老伴住在老房子里，他要了一套72平方米的房子，一共交了26000元，已经拿到新房子的钥匙。杨继才告诉记者，他在这里住了四五十年了，马上要搬新房，心里很高兴。"前段时间去看了一次房子，可好了。"杨继才笑着说。

"入学梦""就医梦""就业梦"……滩区群众期盼已久的梦想实现了！

"现在这村台可好了，地平整了，房子明亮了，村子整齐了。早晨起来，还能围着环城路转转。出家门就是学校，旁边就有超市，社区还有创业车间，干啥都方便。"说起新房子，李中学很是兴奋。

图4-7　鄄城县三合村村台

　　针对特困儿童教育难题，全市建立了12所养教并重的全日制寄宿式公益学校，确保建档立卡贫困家庭中孤儿、特困、残疾等孩子有学上；针对贫困老人养老安居难题，探索建设了2279套集生活居住、日间照料、休闲娱乐等于一体的养老周转房，妥善安置贫困人口2848人。

　　缺乏劳动能力的"老弱病残幼，鳏寡孤独痴"的困难群体，始终是菏泽市黄河滩区迁建过程中地方政府最惦记的人。通过迁建新住房的问题，通过政府主导、引入多方力量参与，结合现有扶贫脱贫方略、社会保障和社会救助制度，菏泽市黄河滩区政府真正将困难群众托举起来，保障了他们的生活，确保他们在全面小康路上不掉队。

第五章　公共服务与文化再造：引领搬迁群众社区融合

群众搬迁入住到新建社区后，就开启了社区新生活。为了使搬迁群众尽快适应新社区生活，菏泽市地方政府在完善社区公共服务的基础上，积极创新社区治理方式，围绕群众新生活开始了新工作。

一、新环境讲文明，农民生活有了"新气象"

从传统农村搬进现代化新式社区，在极大改变滩区群众的居住环境的同时，也潜移默化地改变了村民的生活习惯。其中既有村民的自发改变，也有社区干部的积极引导。

黄河社区镇派干部夏国东指出："群众刚搬进新小区，生活上还是有一个适应和改变的过程。刚来的时候有好多老年人甚至不习惯新房子里的卫生厕所，还要到公共厕所去解决。另外，有些人也存在不注意卫生的现象。家里的垃圾有的也随手往窗户外扔，楼下垃圾桶边上也到处都是乱的脏东西。还有的把楼下公共场所随便占用搭建的，把公共场所当成自己私人空间使用的。诸如此类的现象给社区日常卫生保洁和社区治理带来了一些难题。"

老百姓在传统村庄里长时间生活中形成不好的生活习惯，很难在短时间内得到立竿见影的改变。为了帮助搬迁群众尽快适应社区新生活，社区干部协同村两委干部开展了诸多工作，帮助村民改变不良生活习惯，树立文明新风尚，打造文明新社区。

（一）讲文明树新风，村民生活"有样学样"

新建社区搬迁入住后，县委组织部门即安排干部入驻社区，开展政策宣传与文明宣讲工作。文明宣讲和政策宣传采取组织社区集体活动、会议和入户发放宣传单等方式进行。在日常生活中也结合拉家常等接地气方式，向群众宣传社区新规则，帮助搬迁群众适应新的社区生活，养成良好的卫生习惯。除此之外，社区注重从群众中选出部分代表，参与到社区文明宣传中来，让群众在实际参与文明宣传工作的实际过程中，体验文明带给群众生活的诸多便利和好处。

六合社区卫生院刘某说："我们整个小区卫生保洁员只有 3 个，一个村出一个人负责卫生的工作。这么大的社区，如果不把卫生宣传工作做好，就靠这 3 个人，那还不累趴下了。每天我们的卫生员都会在社区走几遍，一是为了巡查卫生，二是向老百姓宣传卫生常识和保洁知识。见到有人随手往垃圾桶附近丢垃圾，还要有针对性地进行教育一下。时间长了，大家慢慢就能养成好的习惯。有时候群众看到垃圾桶边上有没丢进去的垃圾，也能帮我们捡一捡。"

"原来村民出门进门一身泥，现在都开始讲究卫生了，尤其是住楼房的，村民们都约定好了各自的清扫区域，定时清理，小区卫生可干净了，我们越来越像城里人了。"李喜莲说。为了改善村民的居住习惯，李进士堂镇特地举办了培训会，给村民们"上上课"，教村民们用马桶、保持小区卫生、举办农民运动会。

（二）文明公约倡文明，争当新时代文明人

除了组建文明宣传队伍之外，社区还会同村两委干部协商制定了搬迁社区文明公约，张贴在社区公示栏上，并通过宣传手册和社区广播播放等方式传播到每家每户。为了进一步激励群众讲文明、树新风，由妇联牵头组织"美丽庭院"评选，并为评选上的村民发放奖状和奖品。同时，充分调动各方力量、整合各种资源，广泛开展"主流价值进社区""时代新风融社区"等文明实践活动。积极引导社区群众在具体而微的社区文明实践活动中潜移默化地提高思想觉悟和文明水平，呈现社区新生活、新风貌。

六合社区的吴大妈一家在搬进新社区后，每天最乐意做的事就是打扫全家的卫生。"以前家里老房子就 3 间屋，到处堆的都是各种工具，卫生也不好搞。现在新房子两层楼，5 间房，面积虽然大了一倍多，卫生搞

起来也比较累，但住着新房子，搞卫生也比以前有积极性了。这么好的环境、这么新的房子，要想住得好，首先得卫生做得好。"村支书董某强调："只有每家每户都把自己的小家管好了，生活过得文明了，整个社区才能真正实现整体文明。大家都守规矩，都讲文明，那我们就是新时代的文明人。"

郝寨村村民陈世伍，在搬进新社区后，生活方式跟以往大不一样。以往在电视上看到的生活方式，真实发生在了自己身上。以往羡慕电视上的城里人讲卫生、讲文明。现在自己也跟着做，自觉遵守社区文明公约，告别了过去脏乱差穷的日子，陈世伍也开始积极拥抱新生活。"搬进新房后，我们的生活环境不仅改变了，村民的素质也开始提高了。"陈世伍说，"原来出门就是土路，每次回来带一身泥，根本不会在意卫生。如今搬进新房就不一样了，每天都有专人打扫卫生，村民们都不好意思破坏别人的劳动成果。小区里越来越洁净，感觉自己就像城里人了。"

专栏 5-1

黄河滩区社区文明公约

为了营造整洁、美观、舒适安静的社区环境，维护全体居民的利益，特制定此居民公约，望各位居民自觉遵守，并互相监督。

一、遵纪守法，践行公民基本道德规范

1. 恪守公民基本道德规范，争做爱国守法、明礼诚信、团结友善、勤俭自强、敬业奉献的公民；

2. 邻里之间互相关心、和睦相处，发生纠纷主动调解，维护社区公共秩序；

3. 父母尽抚养、教育未成年子女的义务，子女尽赡养老人的义务；

4. 喜事新办，丧事从简。

二、爱护社区的公用设施和一草一木

1. 不随意践踏草坪和采摘花木；

　　2. 不在人行道和草坪上踢足球、打篮球，以防砸坏路灯等公共设施；

　　3. 提倡植树绿化，爱护花木，禁止乱砍滥伐。

　　三、讲文明、讲卫生，保持社区环境整洁美观

　　1. 不向阳台外泼水、扔垃圾；

　　2. 不随地吐痰，不乱扔香烟头、纸屑、果壳；

　　3. 按要求分类投放垃圾，不将垃圾袋堆放走廊或乱丢或置于垃圾桶外。

　　四、自觉遵守社区内行车停车规定

　　1. 社区内行车必须限速、安全行驶，不能乱鸣喇叭；

　　2. 车辆按规定有序停放；

　　3. 外来车辆，原则上不准长时间停在社区，不准在社区内停车过夜。

　　五、严格遵守社区治安和防火防盗的有关规定

　　1. 住户将住房外租，必须经社区核查，并报公安部门登记；

　　2. 注意随手关闭单元门，如出现可疑人员，应立即报告；

　　3. 为了消除火灾隐患，楼道内不允许堆放各种杂物、自行车，以保障楼道畅通；

　　4. 自觉抵制"黄、赌、毒"，如发现"黄、赌、毒"情况立即报告社区保安。

二、公共服务配套好，生活不比城市孬

　　群众搬进新建社区，住上了现代化的新式公寓和商品房。但真正让老百姓生活便利的还是新建社区里的配套公共服务设施。东明县滩区迁

建指挥部副指挥长说:"要让群众住得好,完善的基础设施很重要。在规划建设时,既要考虑房屋建设式样能否被老百姓接受,同时还要统筹考虑道路、供暖、垃圾处理、医疗卫生、教育、生活设施、产业发展等多种配套设施建设。只有基础设施搞好了,配套设施跟进了,滩区群众才能真正实现住得美、住得好。"

菏泽市严格执行 2017 年 8 月山东省住建厅布置发布的《山东省黄河滩区迁建社区配套设施建设技术导则》要求,在每个迁建社区配套道路、供水、供电、污水、垃圾等生活服务设施,和学校、医院、养老服务等公共设施。此外,为了方便搬迁群众生产生活需要,每个搬迁社区还配套了至少一个发展车间(或扶贫车间)、一个便民超市、一个便民菜场、一个社区文化广场等。

(一)公共服务设施方便群众日常生活

滩区迁建社区在规划伊始就考虑到了方便群众生活,规划完善的公共服务设施。每个搬迁社区按照标准统一配套医疗、教育、生活超市、商业中心、社区服务中心、养老设施、创业车间、停车位、农机用具存储用房等多种便民生活的设施,极大方便了搬迁群众的日常生活。

以配套学校建设为例,菏泽市政府科学规划、合理布局,综合考虑黄河滩区搬迁人口集中程度、学龄人口数量、村台地理环境及交通状况、学生就学半径等因素,科学预测因人口增长带来的教育资源需求,合理确定学校布点方案,保障学校布局与学龄人口规模变化和居住分布相适应,确保适龄学生就近接受义务教育。菏泽市严格根据省定中小学、幼儿园办学条件标准和学校设置、装备规范要求,推进迁建地区学校建设,改善学校办学条件,保持合理办学规模,既为学校留出发展空间和余地,又不建设大规模学校和豪华学校,满足正常教育教学需要。根据菏泽市黄河滩区迁建的总体规划,结合搬迁村庄学龄人口状况,共规划新建小学 32 处、420 个教学班,学校占地 748.9 亩,建设校舍 18.98 万平方米;新建幼儿园 33 处、279 个幼儿班,占地 266.83 亩,建设园舍 9.41 万平方米。规划扩建小学 2 处，建设校舍 2715.84 平方米，扩建初中 1 处，建设校舍 8700 平方米。新建、扩建小学、幼儿园、初中共投入资金约 5.85 亿元。

图 5-1　迁建社区配套社区学校

鄄城县六合社区的王凤红奶奶看着社区崭新的房子和各种配套设施感慨万千。王凤红的儿子、儿媳妇常年在外打工，老公因为意外瘫痪在床 30 年，生活不能自理。家里还有两个正在读小学的孙子和一位 93 岁的老人需要照顾，生活压力很大。住在滩区的时候，王凤红每天需要接送两个孙子上下学。"一到下雨天我就得穿上雨披、穿着雨靴，送孩子上学，特别害怕滑倒。两个孩子有时候跟我说：'奶奶你别送了，俺俩自己去上学。'但是孩子太小了，不放心，得送他们去上学。家里还有老人，一到下雨天就特别害怕，怕房顶上掉东西砸到老人；老人有病看病也不方便，到附近的卫生所要走好几里路，特别不方便。现在搬过来以后，家里人都十分高兴。孩子刚搬过来的时候还说：'奶奶我睡不着觉。'我问他为啥睡不着，他说他不敢相信这是真的，自己能住上这么好的房子，心里觉得很感动。"说到这里的时候，王凤红已经眼角泛泪。她一直在重复家里老人、孩子都觉得现在方便多了。学校就在家门口，各种配套的基础设施一应俱全，孩子可以自己上学、放学，老人看病在社区里就有条件好的卫生所，买菜社区里就有便民实惠的超市。平时没事的时候还可以去社区里的发展车间拿点活回来做做，一天挣个几十块钱一家人几天的菜钱就出来了。而且新社区的卫生环境也好，看着心里也高兴。搬来之后的生活虽然还有些不适应，但对新的房子和居住环境都十分满意，甚至觉得"这跟住在城里没啥区别了"。从她朴实的话语和脸上的笑容中能够感受到，滩区迁建给群众带来的是实打实的幸福感和满足感。

"少年强，则国强。少年独立则国独立……"同学们的朗朗读书声回荡在耳边。位于三合村村台上的六合社区小学开学后，450多名滩区孩子搬进了新学校。六合社区小学校长陈立云表示，新校园硬件设施和师资条件能达到省级二类标准，能充分满足社区学生的上学需求。图书室、实验室、科技活动室现在正在陆续引进，孩子们非常高兴，老师们也不忘初心，不忘自己的责任，努力培养祖国的花朵。

图5-2　六合社区孩子们在迁建社区新建配套小学教室内上课

"在这里住得真舒坦，比老村好太多了。""现在出门购物有超市，锻炼有广场，看病有医院，到哪儿去都方便。"新村内，乔迁新居的村民三五成群，你一言我一语，拉呱聊天，喜于言表。也有些村民正在家中收拾家务，蒸馍炖肉，迎接春节。在新村的广场上，几名孩童小心翼翼地点燃鞭炮，随着"嘣"的一声，孩童的脸上露出胜利的喜悦。

图 5-3　迁建社区配套便民生活设施

专栏 5-2

七街村社区配套设施建设情况

　　七街村台社区建设项目是菏泽市鄄城县黄河滩区居民迁建村台安置工程的其中一个子项目。七街村工程共涉及 9 个村，建设 1234 套房屋，安置人口 3972 人。台顶总用地面积 383983.51（m²），约合575.98 亩。总建筑面积 162129.72（m²）。各项指标详见表 1。

表 1　七街村台项目详细建设指标

项目名称			单位	数值	备注
台顶面积			m²	383983.51	
安置人口			人	3972.00	
安置户数			户	1234.00	
总建筑面积			m²	162129.72	
其中	地上建筑面积		m²	161009.72	
	其中	住宅	m²	149574.00	
		36m² 户型	m²	3737.56	73 户
		72m² 户型	m²	18003.12	193 户
		108m² 户型	m²	40710.69	371 户
		144m² 户型	m²	87122.63	597 户
		配套公建	m²	11435.72	
		社区服务中心	m²	2474.26	
		商业	m²	2268.64	
		小卖部	m²	450.24	4 处
		小学	m²	2781.38	6 处
		幼儿园	m²	2301.38	6 处
		老年日间照料中心	m²	264.46	
		地上设备用房	m²	300.00	
		创业车间	m²	595.36	
	地下建筑面积		m²	1120.00	
	其中	污水站	m²	420.00	
		消防水池及泵房	m²	400.00	
		水井及设备用房	m²	300.00	
地上容积率				0.42	
绿地面积			m²	161533.25	
绿地率				42.07%	
建筑密度				22.52%	
基底面积			m²	86479.67	
其中	住宅基底面积		m²	80175.77	
	公建基底面积		m²	6303.9	
道路广场面积			m²	135970.59	
室外停车位			个	118	

（二）走进新生活，追求新时尚

告别了"水窝里的贫困生活"，新社区开启了滩区群众别样的生活面貌，在住进了现代化的新式住房后，老百姓的生活也渐渐"时髦"起来，文化生活更加丰富。

我家住在黄河滩

祖祖辈辈受灾难

有了党的好政策

国家扶贫给俺把家搬

人人住上新楼房

男女老少笑开颜

吃饱晚饭没事干

楼下广场跳舞玩

秧歌舞蹈随心练

健身器材样个全

青年人广场把歌唱

欢声笑语乐喧喧

习主席为首的党中央

治国理政真有方

扫黑除恶抓得严

我们的幸福生活万年长

这首洋溢着幸福气息的歌谣，出自山东省菏泽市鄄城县村民伊爱琴之口。难以想象，能写出这么幸福的文字的人，曾也被贫穷与疾病围绕，生活在艰难困苦之中。伊爱琴祖祖辈辈住在黄河滩区，从小到大，洪水曾三次淹过她和丈夫辛辛苦苦垒好的家。勤劳勇敢并没让她躲过"三年垫台，三年盖房，三年还账"的"三三宿命"。伊爱琴是个韧劲十足的人，年轻时她和丈夫一起垒煤球补贴家用，丈夫每天可垒八百个，掌心火辣辣的，全是水泡。而她一天能垒一千一百个，还能平衡好家务工作，庄上人都说她比一般男人还能干。操劳大半辈子的夫妇二人，在本该享受天伦之乐的年纪却先后患病。丈夫股骨头坏死，伊爱琴说老伴儿医不好了，活都落在自己身上了。不幸的是，她在丈夫患病后不久自己也得上乳腺肿瘤。在当地扶贫干部的帮助下，伊爱琴申请到一万元的两癌报销，将雪上加霜的生活逐渐拉回原来的轨道。而真正将她一家推向幸福的，是黄河滩区的脱贫迁建工程。"我真的没想到现在社会是这样子，政府连房子都给俺建好了，真是没敢想。以前一个村一个岗，利利地上又利利地下，下雪天、下雨天滑啊，害怕。"住在滩区时，老人的儿子媳妇都不愿意回老家过年，"俺家房子真该扒了，这顶上都漏土，指不定哪天这房梁就塌了，真害怕哩"。

2018年10月20日，伊爱琴一家搬进了田楼社区的新家。这两年多时间，在幼儿园、小学、文化广场、致富车间一应俱全的新环境里，伊爱琴找到了安全感，亦获得了幸福感。伊爱琴有着天生的好嗓音，从前困难的生活压抑了她的娱乐生活，现在搬进了新社区、新房子，土地也流转了好价钱。她得空就在楼下的广场上跳舞唱戏，还结识了一群戏友、舞友。"俺快手上有很多作品哩"，令人惊讶的是，曾经的滩区老太太居然有快手账号，她将账号取名为"黄河滩"，以怀念曾经生活过的地方。短视频里记录了伊奶奶现在的新生活，洋溢着幸福快乐的气息。滩区迁建，给她的生活注入了新的娱乐内容，给她的老伴儿带来了就医便利，也给小孙子带来了更好的上学环境。提起这项工程，伊爱琴一家都感到十分幸福。

（三）拆了旧房住新房，各家青年嫁娶忙

"三年垫台，三年盖房，三年还账。只见姑娘外嫁，少见姑娘进滩。"长期以来，黄河滩区基础设施条件差，经济发展滞后。不仅群众生产生活不便，还要长期受洪水威胁，群众"因房致贫""因房返贫"现象尤

为突出。在这样的情况下，滩区青年人普遍存在"嫁娶"难的问题。尤其是男青年娶媳妇不容易。搬迁之前，鱼骨村的大龄男青年择偶一直是"老大难"问题，曾经全村六年时间只有一个新媳妇嫁进来。也是因为这样的情况，以鱼骨村为代表的滩区群众常通过"换亲"的方式来解决择偶问题。但这种婚姻没有感情基础，且仅仅为了传宗接代而产生，所以十分不稳定，经常会出现一家闹矛盾几家小两口都要散伙的情况。

旧城镇七街村的王红兵在滩区居住时全家人只有几间砖瓦房。为了防止涨水，房台建得比房子都高，上下极其不方便。王红兵和几个兄弟姐妹与70岁的老母亲陈凤娥靠着几亩田地过日子，生活很艰苦。那时的王红兵的婚事一直都是母亲的一块"心病"。后来，王红兵为了改变贫穷的命运来到烟台打工，在打工的过程中认识了潍坊女孩张楠。刚开始张楠的父母不同意张楠嫁到滩区来，认为滩区条件差，还随时都要面对洪水的威胁。后来搬迁到新社区，王红兵把张楠带回了家，张楠看到新房子之后说："我的父母虽然没明说反对我的婚事，但我知道他们心里一直有顾虑，如果他们二老看到这么好的居住环境，肯定就会放心了。我觉得这种环境比城里好了不知道多少，新农村的新面貌不比城市差。"

在搬迁的第二个月，山东菏泽鄄城县旧城镇七街村台上就举办了第一场喜庆婚礼。大红喜字门上贴，火红对联映笑脸。七街村台上，一派喜庆的气氛，刚迁建入住的村民王红兵，在新房娶了新娘张楠，办了喜宴。看着自家的新房、漂亮的儿媳妇和亲家的笑脸，王红兵的母亲陈凤娥更是笑得合不拢嘴。

七街村台工程指挥部指挥长赵丕世说，七街村台设计七街等九个自然村，共1197户3935人，台高五米多。如今，搬进了新房，群众再也不用担心水患了。"三年前，这里到处都是滩区群众建房台时遗留的坑塘，再看今天，两层的别墅整齐划一，滩区群众居无定所的日子一去不复返了。"搬迁到新社区后的第一个春节村里就有20多位青年结婚，场面十分热闹。"看到男方家里住楼房、条件好，女方彩礼都要得少了，减轻了男方家里的负担。"

图 5-4　搬迁入住后，王红兵在新家举行了热闹的婚礼

三、文化生活引领群众走向融合

搬迁群众住进新社区后，只有不同行政村、自然村村民之间实现有序交往，才能促进社区居民的有机融合，有助于恢复重建社区共同体。居民融合是滩区群众脱贫搬迁的"后半篇"文章。新社区入住后，在群众自发文化生活的基础上，辅以社区积极引导文化建设，丰富了老百姓的文化生活，也为老百姓的社区融合提供了条件。

社区居民共识的再造与集体意识的重塑有多种方式，例如社会组织的建设、社区服务的开展等，都是密切联系群众，整合社区居民的重要举措。唯有社区文化的建设能够更好地激发群众的参与积极性，并从精神层面建立起紧密的群众关联，才能提升社区居民的凝聚力和社区归属感，打造社区集体意识和社区共同体。

文化从根本上来说是一种整体性的生活方式。社区文化的再造，在激发社区居民集体情感、促进社区公共交往、建构和再现社区集体记忆等方面能够起到积极作用。政府在推进社区公共文化服务体系建设的过程中，通常运用文化来指引公共事务及社区行为，社区文化建设成为社区共同体意识生长和发起的重要环节与着力点。

　　滩区迁建社区内的群众来自不同的行政村和自然村，彼此之间相对陌生，搬进新社区后彼此之间熟悉度不高，交往不多，无法形成群体性意识和社区公共性，给社区治理和社区服务带来了极大的挑战。根据搬迁群众的特点，菏泽市迁建社区工作人员通过举办日常文化活动和娱乐节目的形式，将群众主动聚在一起，通过文化活动建立群众的精神联系，并由精神联系推进群众日常交往。六合社区虽然由多个行政村组建而成，社区人口构成复杂，人口规模大，彼此之间陌生度较高，但社区文化建设和纽带联结还是有一定的基础。

　　旧城镇六合社区负责人分析指出，虽然老百姓彼此来自不同的村庄，但祖祖辈辈都在滩内生活，遭遇的是共同的黄河洪水威胁，并由此形成了相同的居住文化，就是高筑台建新房，这是其一。其二，在长期应对黄河水患的生产生活实践过程中，老百姓实际上产生了彼此互助，情感相依，彼此相惜的黄河滩区文化情结。其三，老百姓基于黄河滩区生产生活实践和应对水患的共同经历，发展出了独具黄河滩区特点的区域性文化，一些地方戏曲和舞蹈活动生动且丰富。这些滩区群众共同的精神文化特征，是新迁建社区文化建设促进居民融合的天然条件和重要基础。有了这样的文化基础，开展社区文化重建，以此聚拢老百姓，凝聚人心，社区居民融合工作就相对容易得多。

　　以六合社区和黄河社区为例，滩区群众搬迁入住后，社区工作人员就组织筹备了大型联欢晚会。一是为了庆祝群众搬迁入住，开展滩区群众喜庆乔迁庆祝活动；二是借此机会将不同村的村民聚到一起，在共同的活动和互动中增强熟悉感，增强搬迁群众社区居民的归属意识和集体认同。不仅如此，黄河社区还积极引导、鼓励群众自发组建兴趣组织和舞蹈队，定期组织广场舞活动、扭秧歌和地方戏曲比赛。舞蹈队甚至还集体采购了统一的服装，也有专门的舞蹈老师领舞教导。新建的社区文化广场，就是群众集体活动的最佳场地。黄河社区尹奶奶指出："以前村里面因为要防洪，大家建房都是垒好高的台子，但是谁家又都没有多余的精力去填充道路，造成建房的高台和道路的高低差别很大。虽然很多人也对跳广场舞很感兴趣，但苦于找不到合适平整的场地。现在新小区里文化广场那么大的地方，几个广场舞队都跳得起。有条件，大家的积极性马上就上来了。"

　　基于共同的文化背景，发展社区特色文化活动，重建搬迁社区文化，促进社区群众基于文化活动的交流与融合，营造社区群众归属感和社区认同感，是菏泽市促进黄河滩区搬迁群众社区融合的重要探索。从社区文化再造的角度寻求转型社区集体意识的生长和共同体的重建。其出发点虽然是社区居民融合，但最终落脚则是在社区文化建设上，并通过文化参与、居民组织建设和社区公共文化培育，来实现社区共同体的再造。

图 5-5　菏泽市东明县长兴集乡 8 号试点村台墙外的标语

第六章　菏泽市黄河滩区群众脱贫迁建经验与启示

　　菏泽市黄河滩区脱贫迁建取得了显著成绩。在菏泽市委、市政府领导下，广大干部群众心往一处想，力往一处使，踏实肯干。彻底解决了黄河滩区老百姓的水患困扰，给滩区老百姓带来了实实在在的好处，也积累了有效的经验。

一、黄河滩区群众脱贫迁建的菏泽模式

（一）党建引领，人民至上

　　充分发挥党员先锋模范带头作用。黄河滩区迁建过程中各级党员干部充分发挥先锋模范带头作用，积极配合迁建工作，在政策宣传、丈量清账、清障、财产核算与补偿、腾房让地等方面做到"五带头"。同时，成立各级迁建项目建设质量监督工作领导小组，签订"监督承诺书"，明确党员干部在滩区居民迁建中的职责任务。在搬迁社区服务和治理方面，注重组织建设，筑牢迁建社区服务和社区治理"主阵地"。通过举办专题培训班、现场参观学习等方式，提升社区党员干部对"为谁治理、为谁服务"的认识和理解，建立社区党员定期值日走访制度，为社区百姓解决实际生产和生活困难问题，以党建引领社区服务和社区治理走向正轨，并向纵深发展。

　　在党建引领和党员带头之外，菏泽市还特别注意倾听群众意见，保护群众利益，鼓励群众参与监督。在搬迁过程中，坚持"实事求是，尊重群众意愿"，不搞一刀切，不做"夹生饭"，就安置方式、选址、规划等全面细致地征求滩区群众意愿。创建"三代表"制度，即"户代表""十联户代表""百联户代表"，并由"十联户代表"和"百联户代表"共同选举产生迁建理事会，尊重广大群众在滩区脱贫迁建中的监督权和参与权。在社区服务和社区治理中，关注群众民生工作，坚持民生从"民声"中来，充分调动群众的创造性、积极性，让群众从社区服务和社区治理的"受益人"向"参与者"转变，形成人人参与、人人献策、人人共建共享的社区良好局面。

（二）长远规划，脱贫迁建与乡村振兴有机衔接

菏泽市积极实践精准扶贫与乡村振兴有效衔接，坚持组织帮扶与内生发展能力有机统一，在帮扶中实现乡村组织的优化升级，为乡村振兴战略推进奠定坚实的组织基础。在组织帮扶过程中，菏泽市实现由市到村"纵到底""不断线"，打通扶贫政策服务群众的"最后一公里"，实现"横到边"，形成协同推进、统筹协调的横向合力。强化农村基层组织尤其是村级党组织建设。将扶贫产业嵌入地方实际产业基础之中，结合本地产业发展的比较优势，实现产业扶贫与农村经济结构调整的有机统一。以"致富车间"的创新做法为抓手，探索群众就地就近就业与能人创业相统一的工作机制，实现经济效益和社会效益的双丰收，为乡村人才振兴打下良好基础。菏泽市结合自身传统手工业生产模式，首创了"致富车间"就业帮扶模式。设"养老周转房"助老，办"博爱学校"扶幼，实现助老扶幼与乡风文明建设的有机统一。以政府尽职、社会尽责、市场尽能、子女尽孝、邻里尽情、个人尽力的"六尽"综合保障体系为基础，不断探索特困老人、贫困儿童帮扶模式，为乡风文明建设提供了可靠载体。

（三）绿色发展，生态保护与产业发展有机结合

菏泽市始终践行"绿水青山就是金山银山"的发展理念，坚持贯彻落实习近平总书记在黄河流域生态保护和高质量发展座谈会上的讲话，将生态保护与高质量发展贯穿黄河滩区建设的全过程。一方面，坚持生态先行，合理规划房屋设计、建设。菏泽市滩区迁建在规划建设过程中以打造群众满意、质量过硬、环境优美的新居为工作出发点，在社区规划上严格遵守"生态美、生产美、生活美"的"三美"标准，对社

区基础设施建设和公共服务设施建设进行明确规划，牢牢把握"绿色宜居"这一准则，在体现乡村文化气息的同时，为滩区群众提供了现代生活的场所和机会。以生态保护与可持续发展相结合的理念为基础，在社区规划、迁建区房屋设计以及产业规划等方面将生态保护与区域发展耦合，构建"三生三美"融合发展新格局。另一方面，绿色发展，因地制宜进行产业规划。菏泽市紧紧围绕着区内生态恢复、群众安居乐业展开，按照打造黄河流域生态建设先行区的目标，高标准推进黄河生态廊道建设。将突出地方产业特色与生态保护相结合，高效利用区域内优势资源，按照宜农则农、宜旅则旅的发展思路，对区域内产业布局进行科学规划。突出区域产业特色，以集约化、规模化、设施化、标准化、园区化为生产方向，积极发展生态农业、绿色农业和有机农业，促进黄河滩区农业增效。

（四）不搞大拆大建，滩区迁建与文化保护"两手抓"

黄河滩区的自然风光和人文景观是黄河滩区人民在历代的生产、生活中积累下来的。凝聚了滩区群众的智慧，沉淀了优秀的黄河文化，传承了丰富的历史信息，具有重要的历史、科学、文化、艺术、教育、旅游等价值。菏泽市积极践行习近平总书记提出的新农村建设要求，"建设美丽乡村，不能大拆大建，特别是古村落要保护好"，要"注意乡土味道，保留乡村风貌，留得住青山绿水，记得住乡愁"。在滩区群众脱贫迁建中，切实尊重滩区群众对于保护传统村落，留住"乡愁"的诉求，采取多种措施保护滩区传统文化遗产。首先，在旧村落拆除复垦的基础上，根据不同村落人文风貌和自然特点，结合群众诉求，选择少数黄河滩区传统村落进行就地保护。对黄河滩区文化的推介、传承、传播，起到很好的载体作用。其次，注重挖掘、整理黄河滩区传统村落文化遗产，在鄄城县六合社区建立黄河滩区脱贫迁建纪念馆，保留并展示挖掘、整理的能够反映滩区文化特征的照片、影像、书籍、实物等，让黄河滩区鲜为人知的民居文化、农耕文化、防洪文化等不可再生的历史文化得以延续并发扬光大，对黄河滩区下一步的发展意义重大。在千方百计改善村民生产生活条件的同时，也为滩区群众和子孙后代留住一抹"乡愁"。

二、未来展望：从脱贫走向全面"小康"

菏泽市黄河滩区迁建工作是脱贫攻坚的重要环节，取得了阶段性的胜利。自 2017 年起菏泽市规划建设 28 个村台社区、6 个外迁社区，截至 2020 年底，28 个村台已全部淤筑完毕，6 个外迁社区中 2 个已搬迁入住，滩区百姓也陆续搬迁后开始幸福安居的新生活。菏泽市黄河滩区迁建不仅让滩区居民远离黄河水患，而且实现了从农村到城镇生活的转变，百年滩区人在滩区迁建项目的契机下迎来了物质生活与精神生活的双重巨变。产业兴旺、生态宜居、乡村文明、治理有效、生活富裕，一幅乡村振兴、生机一片的壮美画卷正在徐徐展开。

滩区变社区，是搬出来的好日子。滩区群众曾难以摆脱"住房难、行路难、上学难、就医难、娶亲难、发展难、致富难"的"七难"困境。由于受洪水浸泡、冲刷等原因，滩区房子的寿命很短，"三年垫台、三年盖房、三年还账"的轮回循环，似乎成了滩区居民的宿命，因房致贫也成为滩区贫困的根源。随着菏泽市黄河滩区迁建政策的推行，如今，14.7 万滩区人的夙愿渐渐实现。在新搬迁的社区里，水、电、路三通，配套建设的教育、医疗设施基本齐全，就医、就学便利，基本生产生活条件得到根本改变；动能转换迸发新活力，对外开放增创新优势，深化改革实现新突破，基础设施得到新提升，社会事业开启新征程。

随着黄河滩区居民迁建工作的持续推进，菏泽市滩区迁建的重点也将逐渐向巩固前期成果，激发居民获得感与可持续发展能力，规划滩区走向乡村振兴和全面建成"小康社会"的新阶段转移。在党中央及山东省委的坚强领导下，菏泽市的滩区居民迁建工作取得了巨大的胜利，也为乡村振兴开了好头。

　　牢记习近平总书记嘱托，山东省把黄河滩区脱贫迁建这一民生工程作为脱贫攻坚重点任务，给 60 万滩区群众一个家。坚决落实黄河滩区迁建项目不打折扣，菏泽市把圆滩区群众安居梦作为工作的重中之重。长期来看，实现"全体人民共同富裕"是一个历史过程，在乡村振兴战略背景下规划发展，既是巩固滩区居民迁建的必要举措，也是"全体人民共同富裕的必然要求"。菏泽市通过攻坚克难、大胆创新，迈出了滩区居民迁建与乡村振兴战略推进有机衔接的坚实步伐。新形势、新要求、新挑战，当然也预示着新机遇、新成就。面向未来，在既有显著成就基础上，菏泽市完全有能力、有毅力、有信心克服前行中的困难，继续为黄河滩区居民迁建工作和乡村振兴战略推进提供菏泽经验、菏泽典范。